I0142885

Caro lettore,

il libro che hai tra le mani non è come tutti gli altri. È stato infatti prodotto attraverso un sistema di *print on demand*. Ciò significa che la tua copia è stata confezionata appositamente per te, in seguito al tuo ordine. Non è una copia stampata tra mille altre e lasciata lì in attesa che qualcuno l'acquistasse; è *tua*. Ti chiediamo dunque scusa se per averla hai dovuto sopportare qualche piccolo disagio, se hai dovuto affrontare spese di spedizione o tempi di attesa più lunghi del previsto; in compenso, questo sistema di stampa e distribuzione ti ha permesso di poter acquistare un libro – il tuo libro – che altri editori, legati ai sistemi tradizionali, avrebbero considerato inutile ristampare. Noi, al contrario, così facendo ti offriamo la possibilità di leggerlo.

Nel salutarti ti ringraziamo di avere scelto le Edizioni Trabant e ci auguriamo di rivederti sulle pagine di un altro volume.

Buona lettura.

le Edizioni Trabant

ARTICOLO25

14

Isbn 978-88-96576-92-2

Edizioni Trabant 2018 – Brindisi
www.edizionitrabant.it
redazione@edizionitrabant.it

La presente opera è di pubblico dominio ai sensi dell'articolo 25 della legge
633/1941 e successive modificazioni.
La veste grafica, le immagini, gli apparati di prefazione e note del curatore, ove non
diversamente specificato, sono © 2018 Edizioni Trabant – tutti i diritti riservati.

ADOLPHE THIERS

STORIA DELLA RIVOLUZIONE FRANCESE

TOMO II

Edizioni
Trabant

NOTIZIE BIOGRAFICHE

1797 – 1821

Marie Joseph Louis Adolphe Thiers nasce a Marsiglia il 15 aprile
1797. Il padre è Louis-Charles Thiers, un avvocato originario di Aix-
en-Provence, vedovo da poche settimane. La madre, Marie-
Madeleine Amic, è una sua amante, che Louis-Charles sposa il 13
maggio seguente, legittimando il figlio appena nato. Tuttavia, pochi
giorni dopo Louis-Charles lascia moglie e figlio e scompare senza
lasciare un recapito. Nonostante le ristrettezze economiche,
Adolphe Thiers riesce, con l'aiuto di alcuni parenti, a intraprendere gli
studi, dapprima diplomandosi al liceo di Marsiglia e in seguito con-
seguendo la laurea in legge a Aix-en-Provence. Dal 1818 al 1821 esercita la professione di avvocato; tuttavia, insoddisfatto, decide di trasferirsi a Parigi per diventare uno scrittore.

1821 – 1830

Arrivato a Parigi a 24 anni, Thiers in pochi mesi riesce a impiegarsi
come giornalista per *Le Constitutionnel* di Charles-Guillame Étienne,
uno dei principali giornali dell'opposizione alla restaurata monarchia.
In breve Thiers diventa uno dei giornalisti più letti in città. Ciò gli

consente di essere introdotto nei salotti degli oppositori dei Borboni e frequentare diverse personalità dell'epoca; il più importante è il principe di Talleyrand, che diverrà il suo vero e proprio mentore politico.

Tra il 1823 e il 1827 pubblica i dieci volumi della *Storia della Rivoluzione Francese*. L'opera è un grande successo, sia dal punto di vista commerciale – fruttando all'autore guadagni considerevoli per l'epoca – sia soprattutto dal punto di vista politico – fornendo appoggio morale agli oppositori del trono.

1830

A partire dal 1829 Thiers intensifica i suoi attacchi sulla stampa alla monarchia di Carlo X, reclamando l'adozione di una costituzione parlamentare sul modello inglese. Interrotta la collaborazione con *Le Constitutionnel* a causa della veemenza dei suoi articoli, nel 1830 è tra i co-fondatori di un nuovo giornale di opposizione, *Le National*. La pubblicazione entra presto nel mirino della magistratura con l'accusa di oltraggio al Re e alla famiglia reale.

Nelle convulse giornate della "Rivoluzione di luglio", Thiers è tra i protagonisti. Dopo che le elezioni del 27 Luglio hanno decretato la vittoria dell'opposizione, chiede a più riprese l'abdicazione di re Carlo X. Come conseguenza, il giornale è chiuso con la forza e Thiers deve fuggire per evitare l'arresto. In seguito, quando il re è costretto all'esilio, ha un ruolo attivo nel convincere il cugino Luigi Filippo d'Orleans ad accettare il trono come Re costituzionale.

1830 – 1836

Instaurato il nuovo regime, Thiers intraprende la carriera politica. Nel 1832 viene eletto alla Camera dei Deputati, dove si segnala per le posizioni estremamente riformatrici. Parallelamente riceve i primi incarichi di governo, che culminano nel 1833 con il Ministero dell'Interno, rinnovato successivamente nel biennio 1834-36. In questa veste, fa scalpore il suo ruolo attivo nella repressione dei moti popolari dell'aprile 1834 (il cosiddetto "Massacro di Rue Transnonain"). Nello stesso periodo cresce la sua fama di letterato, dovuta principalmente all'opera sulla Rivoluzione Francese e culminata con la nomina a membro dell'Accademia Francese.

1836 – 1848

Nel 1836 ottiene per la prima volta l'incarico di Primo Ministro. L'esperienza di governo dura meno di un anno: dopo un rapporto sempre più complicato con Luigi Filippo, in agosto Thiers rassegna le dimissioni in seguito a disaccordo sul Re su un'ipotesi di riforma della politica diplomatica. Riprende la presidenza del Consiglio nel 1840, ma ancora una volta abbandona dopo pochi mesi per contrasti con il Re a proposito della politica estera. Tornato all'opposizione e ormai deterioratosi il rapporto con Luigi Filippo, dedica gli anni successivi alla scrittura, pubblicando nel 1840 il primo volume della *Storia del Consolato e dell'Impero*.

1848 – 1870

Allo scoppio della rivoluzione di febbraio, Thiers si schiera con gli oppositori di Luigi Filippo. Nel corso del tempo ha maturato convinzioni repubblicane, vede dunque con favore l'instaurazione della Seconda Repubblica e appoggia l'elezione a presidente di Luigi Napoleone. Tuttavia, quando quest'ultimo nel 1851 prende il potere assoluto con un colpo di stato, fa opposizione ed è costretto all'esilio. Ritornato in patria nel 1852, si terrà lontano dalla politica fino agli

'60 del secolo, quando il Secondo Impero di Napoleone III farà delle parziali concessioni in senso liberale. In questo periodo completa la *Storia del Consolato e dell'Impero*, il cui ultimo volume esce nel 1862.

1870 – 1877

Thiers è tra i deputati contrari alla guerra contro la Prussia. Dopo la disfatta di Sedan e la caduta di Napoleone III, è chiamato a guidare il governo provvisorio, con il gravoso compito di trattare la resa con i Prussiani. Ciò porta nel 1871 al Trattato di Francoforte, con il quale la Francia accetta dure condizioni territoriali ed economiche. L'impopolarità derivatagli è tra le cause della rivoluzione del maggio 1871, che instaura la cosiddetta Comune di Parigi e che Thiers contribuisce a reprimere con la forza.

Nell'agosto 1871, instaurata la Terza Repubblica, viene eletto Presidente e traghetta il Paese nel difficile periodo post-bellico, riuscendo a portare avanti diverse riforme e a ripianare il debito di guerra. Tuttavia, nel 1873 è costretto alle dimissioni. Sarà il suo ultimo incarico di tipo esecutivo: Thiers continua a sedere alla Camera fino alla morte, nel 1877. Al funerale riceve gli onori militari e assistono circa un milione di persone.

STORIA DELLA
RIVOLUZIONE FRANCESE

DI

A. THIERS

PRIMA TRADUZIONE ITALIANA
DALL'EDIZIONE DI PARIGI DEL 1834

DI

ERMENEGILDO POTENTI

TOMO II

NOTA

Il presente testo si rifà alla prima edizione, stampata nel 1835 a Firenze a spese del traduttore. Nel riprodurlo, si è deciso di restare quanto più possibile fedeli alla sua forma originaria, rispettando per esempio l'accentazione dell'epoca (perchè, nè etc.) e intervenendo unicamente in quei casi in cui abbiamo ritenuto di individuare un errore o un'imprecisione del compositore. Si è deciso inoltre di lasciare inalterata la traduzione in italiano di alcuni nomi o toponimi stranieri (Vasintona = Washington, Cronvello = Cronwell, Nostra Donna = Notre Dame etc.). Per quanto riguarda, invece, i riferimenti incrociati contenuti nell'appendice, si è preferito adeguare il numero di pagina a quello effettivo di questa edizione.

CAPITOLO PRIMO

Stato politico, e disposizioni delle potenze straniere nel 1790 – Discussioni sul diritto di pace, e di guerra. – Prima istituzione della moneta di carta, o degli assegni. – Ordinamento giudiciario. – Costituzione civile del clero. – Abolizione de' titoli di nobiltà. – Anniversario del 14 luglio. Festa della prima federazione. – Sollevazione delle milizie a Nancy. – Renunzia di Necker. – Disegni della corte, e di Mirabeau. – Formazione del campo di Jalès. – Giuramento civile ordinato agli ecclesiastici.

All'epoca ove siam giunti, la rivoluzione francese cominciava ad attrarre gli sguardi dei potentati stranieri; il suo linguaggio era sì fermo ed elevato, aveva un'imagine di generalità che sembrava sì bene accomodata a più d'un popolo, che i principi stranieri ne paventarono. Fino allora era stata reputata una passeggiera agitazione; ma i successi dell'assemblea, la fermezza e la costanza inaspettate, e singolarmente quell'avvenire che proponeva a sè, ed a tutti i popoli, le fruttarono più considerazione e più odio, e le meritavano l'onore d'occupare le corti. L'Europa era allora divisa in due gran leghe nemiche: la lega inglese-prussiana da una parte, e le corti imperiali dall'altra.

Federigo Guglielmo era succeduto al gran Federigo sul soglio di Prussia. Questo principe volubile e fievole, rinunziando la politica del suo illustre predecessore, aveva preferito all'alleanza della Francia quella dell'Inghilterra. Congiunto a questa potenza, formò la famosa lega inglese-prussiana, la quale tentò gran cose, senza concluderne alcuna; sollevò la Svezia, la Polonia, la Porta, contro la Russia e l'Austria; e abbandonò tutti coloro che avea sollevato, contribuendo anzi a spogliarli collo smembramento della Polonia.

Il disegno comune dell'Inghilterra e della Prussia, era di ruinare la Russia e l'Austria, suscitando contro di loro la Svezia regnata dal cavalleresco Gustavo, la Polonia gemente del primo partaggio, e la Porta crucciata delle russe invasioni. Il pensiero particolare dell'Inghilterra nella lega, era di vendicarsi degli aiuti forniti dalla Francia alle colonie americane, senza pur dichiararle la guerra. N'aveva trovato la via, col porre i Turchi e i Russi alle prese. La Francia non poteva restar neutrale fra questi due popoli, senza perdere i Turchi i quali contavano sopra di lei, e quindi senza perdere la sua dominazione commerciale in Levante. D'altronde partecipando alla guerra, perdeva l'alleanza della Russia, con cui aveva stretto un trattato infinitamente vantaggioso, che le procurava legni da costruzione, e tutti gli oggetti di che il settentrione copiosamente provvede alla marina. Così, in ambedue i casi la Francia pativa danno. Intanto l'Inghilterra ordinava le forze, e si preparava ad usarle al bisogno. Di più, vedendo il disordine economico sotto i Notabili, il disordine popolare sotto la costituente, ella pensava non avere neppur bisogno di guerra; e giudicossi che scegliesse di strugger la Francia per l'interne turbolenze, anzi che per l'armi. Per lo che è stata sempre accusata di favorire le nostre discordie.

La lega inglese-prussiana aveva dato alcune battaglie, di successo alternativo. Gustavo s'era tratto fuori da eroe d'una situazione, ov'era incappato da avventuriero. L'Olanda, sollevata, era stata sottomessa allo statoldero per le pratiche inglesi, e per l'armi prussiane. L'accorta Inghilterra aveva quindi tolto alla Francia una valida alleanza navale; e il monarca prussiano, bramoso solo di successi di vanità, aveva vendicato un oltraggio fatto dagli stati d'Olanda alla sposa dello statoldero, sua sorella. La Polonia finiva di ricomporsi, ed era per prender le armi. La Turchia era stata battuta dai Russi. Intanto la morte dell'imperator d'Austria Giuseppe II, seguita nel gennaio del 1790, cangiò la faccia delle cose. Leopoldo, principe illuminato e pacifico, di cui la Toscana avea benedetto al felice regno, gli successe. Egli, savio ed accorto, voleva dar fine alla guerra; e per ottenerlo, usò i soccorsi della seduzione, tanto validi sulla mobile fantasia di Federigo Guglielmo. Si rappresentarono a questo principe le dolcezze del riposo, i mali della guerra che da tanto tempo aggravavano il suo popolo; finalmente i pericoli della rivoluzione francese, proclamatrice di sì funesti principii. Svegliaronsi in lui i pensieri di dominio assoluto, gli fu fatto insieme balenar la speranza di punire i rivoluzionari francesi, come aveva punito quelli d'Olanda; e lasciossi vincere nel punto in cui era per raccogliere il frutto di quella lega, sì arditamente concetta dal suo ministro Hertzberg. La pace fu vergata in Reichenbach nel luglio del 1790. Nell'agosto la Russia la fece con Gustavo, e non ebbe più a fare che colla Polonia, poco temibile, e coi Turchi battuti da tutte le parti. Faremo conoscer più tardi questi vari avvenimenti. L'attenzione delle potenze veniva dunque a rivolgersi quasi interamente sulla rivoluzione di Francia. Qualche tempo avanti alla conclusione della pace tra la Prussia e Leopoldo, quando la lega inglese-prussiana minacciava le due corti imperiali, e perseguiva segretamente la Francia non men che la Spagna, nostra fedele e costante alleata, alcune navi inglesi furono prese dagli Spagnoli nella baia di Notka. Furon fatti reclami, seguiti da generale armamento ne' porti di Inghilterra. Tosto la Spagna, invocando i trattati, chiese soccorso alla Francia, e Luigi XVI ordinò l'apparecchio di quindici vascelli. L'Inghilterra fu accusata di volere, in questa occasione, accrescere i nostri impacci. L'assemblee di Londra avevano, è vero, molte volte complimentato l'assemblea nazionale; ma il governo lasciava pochi filantropi abbandonarsi alle espansioni filosofiche, e intanto pagava, dicevasi, quei maravigliosi agitatori che ricomparivano ovunque, e davano tanta molestia alle guardie nazionali del regno. L'interne turbolenze furono ancora più grandi all'occasione del generale armamento, e non si potè esimersi dal vedere una connessione tra le minaccie dell'Inghilterra, e il ritorno dei disordini. Lafayette specialmente, che non prendeva quasi mai la parola nell'assemblea, che per oggetti riguardanti la pubblica tranquillità, denunziò alla tribuna un'influenza segreta. «Non posso, disse egli, tralasciare di fare osservare all'assemblea questa nuova e concertata agitazione, che si manifesta da Strasburgo a Nimes, e da Brest a Tolone, e che vanamente i nemici del popolo vorrebbero a lui attribuire, mentre ella serba tutti i segni d'una influenza segreta. Se si tratta d'ordinare i dipartimenti, le campagne son devastate; se armano le potenze vicine, subito il disordine comparisce nei nostri porti e ne' nostri arsenali.» Infatti molti comandanti erano stati trucidati, e, o a caso, o a posta, i nostri migliori officiali di marina erano stati sacrificati. L'ambasciatore inglese era stato incaricato dalla sua corte di smentire queste imputazioni. Ma si sa qual fede meritino tali comunicazioni. Calonne parimente aveva scritto al re[1] per giustificare l'Inghilterra; ma Calonne che parlava per lo straniero, era sospetto. Invano diceva che tutte le spese sono conosciute nel governo rappresentativo, e che anche le spese segrete sono almeno dichiarate come tali, e che non v'era nel bilancio inglese nissuna destinazione di questo genere. L'esperienza ha provato che l'argento non manca mai ai ministri benchè responsabili. Quello che si può dire, di meglio, è che il tempo che tutto rivela, non ha nulla scoperto a questo riguardo, e che Necker che era ben in grado di giudicarne, non ha mai creduto a questa segreta influenza.[2]

Il re, come si è visto, aveva fatto notificare all'assemblea l'apparecchio di quindici vascelli di linea, pensando, diceva, che approverebbe il provvedimento, e delibererebbe le spese necessarie. L'assemblea

---

[1] Vedi l'armario di ferro, foglio n°. 25, lettera di Calonne al re, del 9 aprile 1790.

[2] Vedi quello che dice la Staël nelle sue *Considerazioni sulla rivoluzione francese*.

accolse volentieri il messaggio, ma ella vi vide una questione costituzionale, che pensò di dovere risolvere prima di rispondere al re. «I
provvedimenti son presi, disse Alessandro Lameth, la discussione non
può ritardarli; bisogna dunque fissare avanti, a chi deve attribuirsi il
diritto di pace e di guerra, se al re, o all'assemblea.» Infatti questa era
quasi l'ultima attribuzione da fissare, e tra quelle da eccitare maggiore interesse. Le fantasie eran pregne de' falli delle corti, delle loro
alternative d'ambizione o di debolezza, e non si voleva lasciare al
trono la facoltà di tirare la nazione in guerre pericolose, o di disono-
rarla per viltà. Eppure, fra tutti gli atti governativi, la cura della guerra e della pace è quella che desidera più azione, e dove il potere esecutivo deve esercitare maggior facoltà; è quella dove bisogna lasciargli
maggior libertà, perchè agisca bene e volentieri. L'opinione di
Mirabeau, che dicevasi guadagnato alla corte, era divulgata avanti; e
l'occasione era favorevole per togliere a quest'oratore la sua tanto invi-
diata popolarità. I Lameth se n'erano accorti, ed avevano destinato
Barnave per battere Mirabeau. Il lato destro, per così dire, si stette, e
lasciò libero il campo a questi due rivali.

La discussione era aspettata con impazienza. Ella s'aperse.[3] Dopo
alcuni oratori che non toccano che idee preliminari, parla Mirabeau,
e fissa la questione in un modo affatto nuovo. La guerra, dic'egli, è
quasi sempre improvvisa; le ostilità giungono avanti alle minaccie; il
re, vegliando alla pubblica salute, deve respingerle, e così la guerra si
trova accesa prima che l'assemblea possa intervenirvi. L'istesso è de'
trattati: il re solamente può scorgere il momento da negoziare, da
conferire, da disputare colle potenze; l'assemblea non può che ratifi-
care le condizioni ottenute. In ambedue i casi, il re solo può agire, e
l'assemblea approvare o disapprovare. Mirabeau voleva dunque che il

---

[3] Adunanze dal 14 al 22 maggio.

potere esecutivo fosse tenuto a sostenere le ostilità cominciate, e il potere legislativo, a seconda dei casi, soffrisse la continuazione della guerra, o richiedesse la pace. Questa opinione fu applaudita, perchè la voce di Mirabeau era sempre. Frattanto Barnave prende la parola, e senza curare gli altri oratori, risponde solo a Mirabeau. Concede, che sovente il ferro è tratto prima che la nazione possa essere interpellata, ma sostiene che le ostilità non sono la guerra, che il re deve respingerle e avvertirne subito l'assemblea, la quale, come sovrana, dichiara allora le sue intenzioni. Così tutta la differenza era nelle parole, perchè Mirabeau concedeva alla assemblea il diritto di disapprovare la guerra, e di richieder la pace, e Barnave quello di dichiarare l'una, e l'altra; ma nei due casi la volontà dell'assemblea era necessaria, e Barnave non le concedeva più di Mirabeau. Nonostante è applaudito, e portato in trionfo dal popolo, e si diffonde che il suo avversario è venduto. Si smercia per le vie, e ad alte grida, un libello intitolato: *Gran tradimento del conte di Mirabeau*. L'occasione era decisiva, tutti attendevano lo sforzo del terribile atleta. Domanda di replicare, l'ottiene, sale alla Tribuna in cospetto d'una immensa folla riunita per ascoltarlo, e dichiara, salendo, che non discenderà altro che morto, o vittorioso. «Anch'io, dice cominciando, sono stata portato in trionfo, eppure oggi si grida *il gran tradimento di Mirabeau!* Non avevo bisogno di questo esempio per sapere che non v'è che un passo dal Campidoglio alla rupe Tarpeia. Nondimeno questi giri di fortuna non m'arresteranno nel mio cammino.» Dopo questo maestoso principio, dichiara che non risponderà altro che a Barnave, e, incominciando; – Spiegatevi, disse lui, voi avete nel vostro concetto ridotto il re a notificare le ostilità cominciate, ed avete concesso all'assemblea il diritto di dichiarare su ciò la volontà nazionale. Su questo io v'arresto, e vi richiamo a' nostri principii, i quali dividono l'espressione della volontà nazionale tra l'assemblea e il re... Non attribuendola che alla sola assemblea, voi avete fatto fallo alla costitu-

zione; io vi richiamo al dovere... Voi non rispondete...; io continuo...
Non v'era di fatti nulla a rispondere. Barnave resta esposto per una
lunga replica a queste apostrofi fulminanti. Mirabeau gli risponde
articolo per articolo, e mostra che il suo avversario non ha concesso
all'assemblea nulla di più di quello che avesse concesso egli; ma che
solamente, riducendo il re ad una semplice notificazione, l'aveva spogliato del suo necessario concorso all'espressione della volontà nazionale; termina finalmente con rimproverare a Barnave quelle gare colpevoli tra uomini che dovrebbero vivere, ei dice, da veri compagni
d'arme. Barnave aveva contato i seguaci della sua opinione; Mirabeau
conta parimente i suoi; rammenta quegli uomini moderati, primi
fondatori della costituzione, che parlavano a' Francesi di libertà quando i suoi vili calunniatori succhiavano il latte delle corti (indicava i
Lameth, che avevano ricevuto de' benefizi dalla regina); «uomini,
aggiunge, che si faranno onore fino alla tomba, dei loro amici, come
dei loro nemici.»

Unanimi applausi ricuoprono la voce di Mirabeau. Era nell'assemblea una porzione considerabile di deputati, che non apparteneva nè
alla destra nè alla sinistra, ma, senza amore di parte, si decideva per
l'impressione del momento. Per essi l'intelletto e la ragione regnavano, poichè volgendosi all'uno od all'altro lato, creavano la pluralità.
Barnave vuole rispondere, l'assemblea vi s'oppone e chiede d'andare
a' suffragi. Il progetto di Mirabeau, antecedentemente emendato da
Chapelier, ottiene la preferenza, ed è al fine approvato (22 maggio),
con generale soddisfazione; perchè queste gare non si stendevano
fuori del cerchio ove avevano nascimento, e la parte popolare stima-
va di vincere ugualmente, tanto con Mirabeau, quanto coi Lameth.

Il decreto conferiva al re e alla nazione il diritto di fare la pace e la
guerra. Il re aveva l'incarico d'apparecchiare le forze, doveva notificare le ostilità cominciate, convocare l'assemblea se non l'era già, e proporre il decreto di pace o di guerra; l'assemblea doveva deliberare sulla

sua proposizione speciale, e il re quindi sancire la deliberazione. Fu Chapelier che con una menda giustissima richiese la proposizione speciale, e la sansione finale. Questo decreto, conforme alla ragione e a' principii già stabiliti, eccitò sincera allegrezza tra i costituzionali, e folli speranze fra gli anti-rivoluzionari, i quali crederono che l'opinione pubblica fosse per cangiarsi e la vittoria di Mirabeau diventare la loro. Lafayette, che in questa occasione s'era unito a Mirabeau, ne scrisse a Bouillé, facendogli intravedere speranze di calma e di moderazione, e cercando, come sempre faceva, di conciliarlo all'ordine nuovo.

L'assemblea continuava i suoi lavori negli affari dell'erario. Consistevano nel disporre meglio che fosse possibile de' beni del clero, la cui vendita, da lungo tempo decisa, non era impedita nè da proteste, nè da ordini, nè da intrighi. Spogliare un corpo troppo potente d'una gran parte di territorio; ripartirlo il meglio possibile e in guisa da fecondarlo colla sua divisione; rendere così propietaria una parte del popolo che non era; estinguere colla medesima operazione i debiti dello stato, e ritornare l'ordine nell'erario; tal'era il proponimento dell'assemblea, ed ella ne sentiva troppo l'utilità per spaventarsi agli ostacoli. L'assemblea aveva già ordinata una vendita per 400 milioni di beni dello stato e della Chiesa; ma bisognava trovare il modo di vendere tali beni, senza avvilirli colla concorrenza, offrendogli tutti in una volta. Bailly propose in nome del municipio di Parigi un progetto eccellentemente ideato: trasmettere questi beni ai municipi perchè li comprassero in corpo, per poi rivederli a minuto, di maniera che non fossero messi in vendita tutti insieme. I municipi non avendo mezzi per pagare ad un tratto, contraessero delle obbligazioni a tempo; e i creditori dello stato pagherebbersi con mandati a carico de' comuni, che questi s'obbligherebbero di pagare successivamente. Questi mandati, che nella discussione furono chiamati *carta municipale*, dettero la prima idea *degli assegni*. Seguendo il pro-

getto di Bailly, mettevasi la mano su i beni ecclesiastici, i quali veni-
vano permutati, e divisi tra i comuni; e i creditori si ravvicinavano alla
loro garanzia acquistando un titolo contro i municipi, invece d'averlo contro lo stato. La sicurezza era dunque aumentata, perchè il pagamento era ravvicinato; dipendeva anzi dai creditori l'effettuarlo da sè,
perchè con questi mandati o assegni potevano acquistare, a raggua-
gliato valore, tanti beni posti in vendita. Così erasi fatto molto per
essi; ma questo non era ancor tutto. Potevano non bramare di convertire i loro crediti in terre, per scrupolo o per tutta altra cagione, e, in
tal caso, quei mandati, che ritenevano, non potendo circolare come la
moneta, non sarebbero stati per essi che semplici titoli non pagati;
Non restava altro che prendere l'ultimo provvedimento; dare a questi
mandati o titoli il diritto di circolazione: così diventerebbero vera
moneta; e i creditori potendo darli in pagamento, sarebbero veramente rimborsati. V'era un'altra considerazione decisiva. Mancava il
danaro; se n'attribuiva la scarsità all'emigrazione, che traeva seco
molto metallo, a' pagamenti che bisognava fare allo straniero, e finalmente alla malignità. La vera causa era il difetto di fiducia cagionato dalle turbolenze. Il danaro apparisce col circolare; quando regna
la fiducia, l'attività dei cambi è estrema, il danaro gira rapidamente,
si vede per tutto, e si crede più numeroso perchè apparisce di più; ma
quando le turbolenze politiche spargono lo spavento, i capitali ristan-
no, il danaro gira lentamente; sovente si nasconde, e a torto s'accusa
la sua mancanza.

Il desiderio di supplire al metallo coniato che l'assemblea credeva
esaurito, quello di dare in mano ai creditori altra cosa che un titolo
morto, la necessità di provvedere eziandio ad una folla di urgenti
bisogni, fece concedere a questi mandati o assegni il corso forzato di
moneta. Con ciò il creditore veniva pagato, perchè poteva fare accogliere la carta che aveva ricevuto, e così soddisfare a tutti i suoi obblighi. Se non aveva voluto acquistar terre, coloro che da lui avevano

ricevuto la carta circolante, dovevano finire col comprarle essi. Gli assegni, che ritornavano per questa via, dovevano esser bruciati; quindi le terre del clero dovevano tosto. trovarsi distribuite, e la carta abolita. Gli assegni fruttavano un tanto per giorno, e crescevan valore stando in mano ai detentori.

Il clero che ivi vedeva un mezzo d'esecuzione per l'alienazione de' suoi beni, lo rigettò gagliardamente. I suoi alleati nobili e altri, contrari a tutto quello che agevolava il cammino della rivoluzione, vi s'opposero parimente, e gridarono alla carta monetata. Il nome di Law doveva naturalmente risuonare, e la rimembranza del suo fallimento resuscitarsi. Per altro il paragone non era giusto, perchè la carta di Law non era ipotecata che sul futuro successo della compagnia dell'Indie, mentre gli assegni riposavano sopra un capitale territoriale, vero, e facilmente occupabile. Law aveva fatto per la corte falsità considerabili, e aveva molto ecceduto il valore presunto del capitale della compagnia; l'assemblea al contrario non poteva credere, colle forme novelle che avea stabilite, che simili concussioni accadessero. Finalmente la somma degli assegni non rappresentava che piccolissima parte del fondo loro destinato. Ma il vero è, che la carta per quanto sia sicura, non è mai come l'argento una realtà, e, secondo l'espressione di Bailly, un'*attualità fisica*. Il danaro porta seco il proprio valore; la carta invece esige ancora un'operazione, un acquisto di terre, una permutazione. Ella deve esser dunque inferiore al danaro, e quando è inferiore, il danaro, che nissuno vuol dare per la carta, si cela, e finisce con lo sparire. Se di più, dei disordini nella amministrazione dei beni, e delle diffusioni intemperanti di carta, distruggono la proporzione tra i segni circolanti e il fondo, la fiducia sparisce; il valor nominale conservasi, ma il valore reale non esiste più; colui che spende questa moneta convenzionale ruba a colui che la riceve, ed un grand'estremo succede. Tutto questo era possibile; e, con maggiore esperienza, sarebbe sembrato certo. Come prov-

visione economica, l'emissione degli assegni era dunque assai biasi-
mevole, ma era necessaria come provvisione politica, perchè ripara-
va ad urgenti bisogni, e divideva le propietà senza il ricorso ad una
legge agraria, l'assemblea non doveva dunque esitare, e, ad onta di
Maury e de' suoi, deliberò quattro cento milioni d'assegni forzati, e
fruttiferi.[4]

Necker aveva da lungo tempo perduto la fiducia del re, l'antica
deferenza de' suoi colleghi, e l'entusiasmo della nazione. Racchiuso
nei suoi calcoli, disputava alcuna volta coll'assemblea. La sua riserva
riguardo alle spese straordinarie, aveva fatto ricercare il libro rosso,
registro famoso ove si trovava, dicevasi, la nota di tutte le spese segrete. Luigi XVI cede con pena, e fece sigillare i fogli ove erano scritte le
spese del suo predecessore Luigi XV. L'assemblea rispettò quella delicatezza, e si fermò alle spese del suo regno. Non fu trovato niente di
personale al re; tutte le prodigalità riguardavano i cortigiani. I Lameth
vi si trovarono segnati per un benefizio di sessanta mila franchi, con-
sumati dalla regina alla loro educazione. Essi fecero restituire questa
somma al pubblico tesoro. Le pensioni furono ridotte alla ragione
riunita de' servigi e dell'antico stato delle persone. L'assemblea mostrò
per tutto la massima moderazione; pregò il re di fissare da se stesso la
sua provvisione reale, e deliberò per acclamazione i venticinque milioni da lui domandati.

Questa assemblea, forte del suo numero e dei suoi lumi, della
potenza, e delle sue risoluzioni, avendo concetto l'immenso disegno
di rigenerare tutte le parti dello stato, aveva regolato il nuovo ordine
giudiciario. Ella avea distribuito i tribunali nell'istessa maniera delle
amministrazioni, per distretti, e per dipartimenti. I giudici erano affi-
dati all'elezione popolare. Questa provvisione era stata combattuta
fortemente. La metafisica politica era stata nuovamente adoperata per

[4] Aprile.

provare che il potere giudiciario dipende dal potere esecutivo, e che il re deve nominare i giudici. Erano state addotte ragioni contro e in favore; ma la sola da dire all'assemblea che aveva l'intenzione di fare una monarchia, era che questa, successivamente spogliata delle sue attribuzioni, diveniva un semplice magistrato, e lo stato una repubblica. Ma il dire quello che è una monarchia, era cosa troppo ardita; ella richiede concessioni che un popolo non consente giammai di fare nel primo momento che si risveglia. La sorte delle nazioni è di domandare troppo, o nulla. L'assemblea voleva sinceramente un re, ella era piena di deferenza per lui, e provavalo ad ogni istante; ma ella pregiava la persona, e senza avvedersene, distruggeva la cosa.

Dopo avere introdotta l'uniformità nella giustizia e nella amministrazione, restava da regolare il servizio della religione, e da costituirlo come tutti gli altri. Così dopo avere stabilito un tribunale d'appello, ed una amministrazione superiore in ogni dipartimento, era naturale di collocarvi anche un vescovado. Come soffrire infatti, che certi vescovadi comprendessero mille cinque cento leghe quadre, mentre altri non ne comprendevano che venti; che certe parrocchie avessero dieci leghe di giro, ed altre contassero appena quindici famiglie; che molti parrochi avessero al più sette cento lire, mentre accanto a loro erano de' benefiziati che contavano dieci e quindici mila lire di rendite? L'assemblea riformando gli abusi, non usurpava sulle dottrine ecclesiastiche, nè sulla autorità papale, perchè le circoscrizioni erano sempre appartenute al potere temporale. Ella voleva dunque formare una nuova divisione, sottomettere i parrochi e i vescovi all'elezione popolare, e con ciò ella non usurpava che sul potere temporale, perchè i dignitari ecclesiastici erano scelti dal re e istituiti dal papa. Questo progetto, che fu nominato *costituzione civile del clero*, e che fece calunniare l'assemblea più di qualunque altra cosa avesse fatto, era tuttavia l'opera dei deputati più pii. Camus e gli altri giansenisti eran quelli che, volendo ravvivare la religione nello stato, cercavano di metterla d'accordo colle leggi novelle. Certo è, che la giustizia essendo ristabilita per tutto, era strano che ella nol fosse nell'amministrazione ecclesiastica come altrove. Senza Camus ed alcuni altri, i membri dell'assemblea educati alla scuola de' filosofi, avrebbero trattato il cristianesimo come tutte le altre religioni ammesse nello stato, e non se ne sarebbero occupati. Essi deferirono a dei sentimenti, che ne' nostri novelli costumi è d'uso di non combattere, anche quando non si dividono. Sostennero dunque il progetto di Camus. Il clero sollevossi, pretese che s'usurpasse l'autorità spirituale del papa, ed appellò a Roma. Le basi principali del progetto furono nonostante approvate,[5] e immediatamente presentate al re, il quale chiese tempo per referirne al sommo pontefice. Il re, che nella sua illuminata religione riconosceva la saviezza di questo progetto, scrisse al papa con sincero desiderio d'ottenere il suo consenso, e di distruggere con ciò tutte le obiezioni del clero. Presto vedrassi quali maneggi impedirono l'intento de' suoi desideri.

S'appressava il mese di luglio; presto era un anno che era stata presa la Bastiglia, che la nazione s'era impadronita di tutti i poteri, e che pronunziava la sua volontà per l'assemblea, e l'eseguiva da sè, o la faceva eseguire sotto la sua vigilanza. Il 14 luglio era reputato come un giorno che aveva cominciato un'era novella, e fu risoluto di celebrarne l'anniversario con una gran festa. Le provincie e le città avevano già dato l'esempio di federarsi per resistere in comune ai nemici della rivoluzione. Il municipio di Parigi propose per il 14 luglio una federazione generale di tutta la Francia, da celebrarsi in mezzo alla capitale, da' deputati di tutte le guardie nazionali, e di tutti i corpi dell'esercito. Questo progetto fu accolto con entusiasmo, e furono fatti immensi preparativi per rendere la festa degna di tanto oggetto.

Le nazioni, come abbiam visto, volgevano da lungo tempo gli

---

[5] Decreto de' 12 luglio.

occhi sopra la Francia; i principi cominciavano ad odiarci e temerci, i popoli a stimarci. Un tal numero di stranieri entusiasti si presentò all'assemblea, ognuno colla veste della sua nazione. Anacarsi Clootz, loro oratore, prussiano di nascita, dotato di bizzarra imaginazione, domandò, in nome del genere umano, di far parte della federazione. Questi fatti, che sembrano ridicoli a chi non gli ha veduti, commuovono profondamente chi v'è presente. L'assemblea inchinossi alla domanda, e il presidente rispose a quelli stranieri, che sarebbero ammessi, onde potessero raccontare ai loro compatriotti quello che avesser veduto, e significar loro le gioie e i benefizi della libertà.

La commozione cagionata da questo fatto, ne produsse un altro. Una statua equestre di Luigi XIV rappresentavalo in atto di calpestare coi piè l'imagine di molte provincie dome: «Non bisogna soffrire, gridò un dei Lameth, questi monumenti di schiavitù nei giorni di libertà. Non bisogna che i Franchi-Contesi, venendo a Parigi, vedano la loro imagine così incatenata.» Maury combattè una risoluzione che era poco importante, e che bisognava donare al pubblico entusiasmo. All'istante una voce propose d'abolire i titoli di conte, di marchese, di barone ecc., di proibire le livree, di distruggere in somma tutti i titoli ereditari. Il giovine Montmorency sostenne la proposizione. Un nobile chiese quello che si sostituirebbe a queste parole: Il tale è stato fatto conte per aver servito lo stato? – Si dirà semplicemente, rispose Lafayette, il tale nel tal giorno ha salvato lo stato. – Il decreto fu approvato,[6] ad onta dell'irritazione straordinaria della nobiltà, la quale più crucciossi della abolizione di questi titoli, che delle perdite più vere fatte da lei fin dal principio della rivoluzione. La parte più moderata dell'assemblea avrebbe voluto, che abolendo i titoli, si lasciasse la facoltà di portarli a coloro che il bramassero. Lafayette

---

[6] Decreto, e adunanza de' 19 giugno.

affrettossi d'avvertirne la corte avanti che il decreto fosse sancito, e pressolla di rimandarlo all'assemblea la quale assentiva d'emendarlo. Ma il re affrettossi a sancirlo, e parve vedersi in lui l'intenzione poco schietta di spingere le cose al peggio.

L'oggetto della federazione era il giuramento civile. Trattavasi, se i federati e l'assemblea dovessero prestarlo nelle mani del re, o se il re, considerato come il primo ufiziale pubblico, dovesse giurare insieme cogli altri sull'altare della patria. Quest'ultimo modo fu preferito. L'assemblea così fornì di mettere le cerimonie in armonia colle leggi, e il re non fu nella funzione, che quello che era nella costituzione. La corte, alla quale Lafayette spirava continua diffidenza, spaventossi d'una novella che divulgavasi, e secondo la quale doveva essere nominato comandante di tutte le guardie nazionali del regno. Tali diffidenze per chi non conosceva Lafayette erano naturali, e i suoi nemici di tutti i colori cercavano d'accrescerle. Come persuadersi infatti che un uomo, che godeva d'una tale popolarità, capo d'una forza tanto considerabile, non volesse abusarne? Eppure ei nol volea; era risoluto a non esser altro che cittadino; e, o per virtù, o per ben giusta ambizione, il merito è uguale. È d'uopo che l'orgoglio umano sia collocato in qualche cosa; la virtù consiste a collocarlo nel bene. Lafayette prevenendo i timori della corte, propose che la medesima persona non potesse comandare più d'una guardia di dipartimento. Il decreto fu accolto con acclamazione, e il disinteresse del capitano fu coperto d'applausi. Lafayette intanto fu incaricato di tutte le cure della festa, e nominato capo della federazione nella sua qualità di comandante della guardia parigina.

Il giorno appressava, ed i preparativi facevansi colla massima sollecitudine. La festa doveva seguire al campo di Marte, vasto terreno, che si stende tra la Scuola militare, e il fiume Senna. Era stato progettato di trasportare la terra dal mezzo alle parti, in guisa da formare un anfiteatro che potesse contenere la piena degli spettatori. Dodici mila operai vi lavoravano senza posa; e nondimeno era a temere che i lavori non fossero finiti il 14. Gli abitanti allora si vollero anch'essi unire a' lavoratori. In un istante tutta la popolazione si cangia in operai. Religiosi, soldati, uomini di tutti i ceti afferrano la pala e la vanga; donne leggiadre accingonsi anch'esse a' lavori. Ben tosto l'ardore è generale; vi corrono a schiere, con bandiere di vari colori, e a suon di tamburi. Colà giunti, si confondono, e travagliano in comunione. Giunge la notte, è dato il segnale, ognuno raggiunge i suoi, e ritorna ai propri tetti. Questa dolce unione durò fino alla fine del lavoro. Frattanto i federati continuamente arrivavano, ed erano accolti colle maggiori attenzioni, e colla più amorevole ospitalità. La cordialità era generale, e l'allegrezza sincera, malgrado i timori che una piccolissima parte a' uomini, rimasti inaccessibili a queste affezioni, sforzavasi di diffondere. Dicevasi, che i briganti profitterebbero del momento in che il popolo fosse alla federazione, per saccheggiare la città. Apponevansi al duca d'Orléans, di ritorno da Londra, disegni sinistri; tuttavia la gioia nazionale fu inalterabile, e non diessi fede ad alcuna di queste maligne profezie.

Giunse al fine il 14: tutti i federati deputati delle provincie e dell'esercito, schierati coi loro capi e colle loro bandiere, partono dalla piazza della Bastiglia, e vanno alle Tuileries. I deputati del Bearnese, passando per la via della Ferronnerie, ove era stato assassinato Enrico IV, gli resero omaggio, che in quel momento di tenerezza rivelossi per lacrime. I federati, giunti al giardino delle Tuileries, ricevono in seno alte loro schiere il municipio e l'assemblea. Un battaglione di giovanetti, armati come i lor padri, precede l'assemblea: un numero di vecchi la segue, rimembrando così le antiche memorie di Sparta. Il corteggio s'avanza in mezzo alle grida festive, e agli applausi popolari. I lungo-Senna erano affollati di spettatori, le case erano sovraccaricate. Un ponte, gettato in pochi giorni sulla Senna, menava per un cammino cosperso di fiori dall'una altra riva, e metteva di faccia al campo della federazione. Il corteggio tragittollo; ed ognuno prese il suo posto. Un magnifico anfiteatro eretto in fondo, era destinato alle autorità nazionali. Il re e il presidente erano assisi uno a costa dell'altro su seggi uguali, fregiati d'aurei fiordalisi. Un palco, elevato a tergo del re, accoglieva la regina, e la corte. I ministri, a poca distanza dal re; e i deputati, schierati dalla due parti. Quattro cento mila spettatori empievano gli anfiteatri laterali; sessanta mila federati in arme facevano i loro armeggi nel campo frapposto; e al centro s'alzava, sopra una base di venti cinque piedi, il magnifico altare della patria. Trecento sacerdoti, in bianchi camici e ciarpe tricolori, occupavano i gradini, per assistere alla messa.

L'arrivo de' federati durò tre ore. Frattanto il cielo era coperto di scure nubi, e la pioggia cadeva a torrenti. Il cielo, il cui splendore si congiunge sì dolcemente alla gioia degli uomini, negava loro in tal momento la serenità e la luce. Uno de' battaglioni già arrivati, posa le armi, per cominciare una danza; subito tutti lo seguono, ed in un solo istante il campo intermedio è occupato da sessanta mila uomini, soldati e cittadini, che oppongono il brio alla procella. Alfine comincia la cerimonia; il cielo per fortunoso accidente si svela, ed illumina del suo splendore questo solenne spettacolo. Il vescovo di Autun comincia la messa; i cori accompagnano la voce del pontefice; il cannone vi mesce solenni fragori. Fornito il santo sacrifizio Lafayette scende da cavallo, sale i gradini del trono, e prende gli ordini del re il quale gli porge la formola del giuramento. Lafayette la porta all'altare, e in quel momento tutte le bandiere s'agitano, tutte le spade scintillano. Il capitano, l'esercito, il presidente, i deputati esclamano: *Giuro!* Il re, ritto, la mano stesa verso l'altare, dice: *io, re de' Francesi, giuro d'adoprare l'autorità delegatami dall'atto costituzionale dello stato, per mantenere la costituzione decretata dall'assemblea nazionale, e accettata da me.* In quel momento la regina mossa dall'ardore generale, prende fra le braccia il figlio augusto, l'erede del soglio, e dall'alto del palco ove si trovava, il presenta alla nazione adunata. A quella vista le grida straordinarie di gioia, d'entusiasmo, d'amore s'inalzano alla madre e al figlio, e tutti i cuori si volgono a lei. In questo medesimo istante, la Francia tutta intiera riunita nelle ottantatre capitali di dipartimento, faceva il medesimo giuramento d'amare un re che la riamasse. Ah! che in quei momenti l'odio stesso si scioglie, l'orgoglio s'affievolisce, tutti si beano del comun bene, contenti della comune dignità. Perchè questi piaceri tanto teneri della concordia son eglino sì presto obliati?

Finita l'augusta cerimonia, il corteggio riprese il suo cammino, ed il popolo s'abbandonò a tutte le ispirazioni della gioia. L'allegrezze durarono molti giorni. Venne appresso una mostra generale de' federati. Sessanta mila uomini erano sotto l'armi, e presentavano un magnifico spettacolo, militare, e nazionale. La sera Parigi offerse una festa lietissima. Il luogo principale di riunione era ai Campi Elisi e alla Bastiglia. Leggevasi sul suolo di questa antica prigione, cangiato in una piazza: *Qui si balla*. Fochi brillanti ordinati a ghirlande imitavano lo splendore del giorno. Fu vietato all'opulenza di turbare questa festa pacifica col moto de' cocchi. Ognuno doveva farsi popolo, e tenersi di esserlo. I Campi Elisi presentavano spettacolo commovente. Tutti vi giravano senza rumore, nè tumulto, nè gara, nè odio. Tutti i ceti confusi si diportavano al dolce splendore dei lumi, e sembravano paghi di stare insieme. Così, anche in seno della vecchia civiltà, parevano rinati i tempi della prisca fratellanza.

I federati, dopo avere assistito alle dignitose discussioni dell'assemblea nazionale, alle pompe di corte, alle magnificenze di Parigi, dopo essere stati testimoni della bontà del re da tutti visitato, da cui riceverono tenere espressioni di bontà, se ne ritornarono trasportati di gioia, pieni di retti sentimenti, e d'illusioni. Dopo tanti casi calamitosi, e prossimo a raccontarne de' più terribili ancora, lo storico con piacere s'arresta su queste ore veloci in cui tutti i cuori non sentono che un affetto, l'amore del pubblico bene.[7]

La festa tanto commovente della federazione non fu però che gioia fugace. Il giorno dopo i cuori volevan nuovamente tutto quello che avevan voluto la vigilia, e la guerra era ricominciata. Le piccole querele co' ministri, s'accessero nuovamente. Lamentavasi, che fosse stato concesso passaggio alle genti austriache, che si rendevano nel paese di Liegi. Saint-Priest fu accusato d'avere favoreggiato la fuga di molti accusati sospetti di trame antirivoluzionarie. La corte invece aveva rimesso in campo il processo cominciato al Castelletto contro gli autori del 5 e 6 ottobre. Il duca d'Orléans, e Mirabeau vi si trovavano intrigati. Questo singolare processo, abbandonato e ripreso più volte, si risentiva delle diverse influenze sotto le quali era stato compilato. Era pieno di contradizioni, e non offriva aggravio sufficiente contro i due primi accusati. La corte, conciliandosi Mirabeau, non avea tuttavia alcun fermo sistema a suo riguardo. Se n'avvicinava e se n'allontanava a vicenda, e cercava di calmarlo anzi che di seguire i suoi consigli. Rinnovando le procedure del 5 e 6 ottobre, non aveva in mira di perseguire lui, ma il duca d'Orléans, il quale era stato molto applaudito al suo ritorno da Londra; ed ella aveal duramente schifato, quando domandava di recuperare la grazia del re.[8] Chabroud doveva fare la relazione all'assemblea, onde giudicasse se vi fosse cagione d'accusa. La corte desiderava che Mirabeau serbasse silenzio, ed abbandonasse il duca d'Orléans, il solo col quale l'aveva. Peraltro egli prese la parola, e mostrò quanto fossero ridicole le imputazioni scagliate contro di lui. Infatti era accusato d'avere avvisato Mounier, che Parigi marciava contro Versailles, e d'avere aggiunto queste parole: «Noi vogliamo un re, ma che importa che questo sia Luigi XVI, o Luigi XVII; d'aver corso il reggimento di Fiandra colla

---

[7] Vedi la nota 1 alla fine del volume.

[8] Vedi le Memorie di Bouillé.

sciabola in mano, e d'aver gridato, al momento della partenza del duca di Orléans: Questo p... f... non merita la pena che si danno per lui». Niente di più futile di simili accuse. Mirabeau mostronne la frivolezza e il ridicolo, non disse che poche parole sul duca d'Orléans, ed esclamò nel finire: «Sì, il segreto di questa informal procedura è alfine scoperto; è tutto là (mostrando il lato destro); è nell'interesse di coloro, le testimonianze e le calunnie de' quali n'hanno formato la tela; è nei sussidi che ha offerto a' nemici della rivoluzione, è nel cuore de' giudici, come sarà ben presto scolpito nella storia dalla più giusta, e più implacabil vendetta.»

Gli applausi accompagnarono Mirabeau fino al posto: i due incolpati furono messi dall'assemblea fuori d'accusa, e la corte ebbe l'onta dell'inutile prova.

La rivoluzione doveva compirsi per tutto, nella milizia come nel popolo. La milizia, ultimo sostegno dell'autorità, era anche l'ultima tema della parte popolare. Tutti i capi militari erano nemici della rivoluzione, perchè, possessori esclusivi dei gradi e de' favori, vedevano ammettere il merito a dividerli con essi. Per l'opposta ragione i soldati pendevano al nuovo ordine di cose, e senza dubbio l'odio della disciplina, il desiderio di maggior paga, agivano su di loro fortemente quanto l'amore della libertà. Una pericolosa insubordinazione manifestavasi in quasi tutto l'esercito. La fanteria specialmente, forse perchè più si unisce col popolo, ed ha minore orgoglio militare della cavalleria, era in un grado di piena sollevazione. Bouillé che vedeva con rincrescimento le sue genti fargli difetto, usava tutti i mezzi possibili per arrestare il contagio dello spirito rivoluzionario. Aveva ricevuto da Latour-du-Pin, ministro della guerra, estesissime facoltà; se ne prevaleva per tramutare continuamente le sue schiere, e per impedir loro di familiarizzarsi col popolo soggiornando ne' medesimi luoghi. Proibiva loro specialmente d'andare all'assemblee popolari, e nulla tralasciava per conservare la subordinazione militare. Bouilé, dopo lungo resistere, avea finalmente prestato giuramento alla costituzione; e, come pieno d'onore, da quell'istante parve aver fatto risoluzione d'esser fedele al re, e alla costituzione. La sua ripugnanza per Lafayette, di cui non poteva celarsi il disinteresse, era vinta, ed era più inclinato ad intendersela con lui. Le guardie nazionali della vasta contrada dove comandava, avevan cercato di nominarlo loro capitano; egli erasi ricusato per subito dispetto, e n'aveva provato rincrescimento, pensando al bene che avrebbe potuto fare. Nondimeno, ad onta di qualche denunzia dell'assemblee politiche, ei mantenevasi in favore del popolo.

La sollevazione scoppiò prima a Metz. I saldati imprigionarono i loro ufiziali, s'impadronirono delle bandiere e delle casse, e tentarono fino d'impor tributo al municipio. Bouillé corse massimo pericolo, ma giunse a domare la sedizione. Poco dopo, altra sollevazione manifestossi a Nancy. Dei reggimenti svizzeri vi presero parte, ed era a temere, che seguendosi questo esempio, tutto il regno non fosse tosto in preda agli eccessi e de' soldati e del volgo. L'assemblea stessa n'ebbe timore. Un ufiziale fu incaricato di comunicare il decreto fatto contro i ribelli. Non potè farlo eseguire, e Bouillé ebbe ordine di marciare a Nancy per sostenere l'autorità delle leggi. Egli non aveva altro che pochi soldati, dei quali si potesse fidare. Fortunatamente le truppe non ha guari rivoltate a Metz, umiliate di vedere che ci non ardisse fidarsi di loro, s'offersero d'andare contro i ribelli. Le guardie nazionali fecero la medesima offerta; ei s'avanzò con queste forze congiunte, e con assai numerosa cavalleria, contro Nancy. La sua condizione era difficile, perchè non poteva agire colla cavalleria, e l'infanteria non bastava per assalire i ribelli secondati dal volgo. Nondimeno parlò a questi con estrema fermezza, e giunse a intimorirli. Erano anzi per cedere, e uscire della città a norma de' suoi ordini, quando de' colpi di fucile furono tirati non si sa da qual parte. Allora la zuffa divenne inevitabile. Le genti di Bouillé, reputandosi tradite, si batterono con estremo ardore; ma la fazione fu ostinata, ed esse non andarono avanti che a passo a passo, e sotto un fuoco micidiale.[9] Finalmente, padrone dei posti principali, Bouillé ottenne la sommissione de' reggimenti, e li fece uscire della città. Liberò gli ufiziali, e le autorità carcerate, scelse i principali colpevoli, e li rimise all'assemblea nazionale.

Questa vittoria sparse generale allegrezza, e calmò i timori concetti sulla tranquillità del reame. Bouilié ricevè dal re, e dall'assemblea ringraziamenti ed elogi. Più tardi fu calunniato, ed accusato d'essersi condotto con crudeltà. Per altro egli era irreprensibile, e sul momento fu come tale applaudito. Il re gli accrebbe il comando, che allora divenne assai considerabile; perchè distendevasi dalla Svizzera fino alla Sambra, e comprendeva la maggior parte della frontiera. Bouillé, fidando più sulla cavalleria che sulla fanteria, scelse per gli alloggi le rive della Seille, che mette nella Mosella; quivi aveva dei piani per fare agire la cavalleria, foraggi per nutrirla, piazze assai forti per ricovrarsi, e sopratutto poca popolazione da temere. Bouillé era deliberato di non far nulla contro la costituzione; ma diffidava de' patriotti, e prendeva i suoi provvedimenti per venire in soccorso del re, se i tempi il rendessero necessario.

L'assemblea aveva abolito i parlamenti, istituito i giudici del fatto, distrutto gli ufizi de' corpi d'arti, ed era per ordinare una nuova diffusione d'assegni. I beni del clero offrendo un capitale immenso, e gli assegni rendendolo continuamente disponibile, era naturale che ella se ne prevalesse. Tutte le obiezioni già fatte vennero rinnovate con maggior violenza; anche il vescovo d'Autun dichiarassi contro questa nuova diffusione, e sagacemente previde tutte le conseguenze economiche di tale risoluzione.[10] Mirabeau, mirando specialmente alle con-

---

[9] 31 agosto.

[10] Vedi la nota 2 alla fine del volume.

seguenze politiche, pugnò con ostinazione, e vinse. Ottocento milioni d'assegni furono decretati; e questa volta fu deciso che non godessero frutto. Era inutile infatti l'aggiungere il frutto alla moneta. Che questo si faccia per un titolo, che non può girare, e resta fermo nelle mani di chi lo possiede, è giustissimo; ma per un valore che diviene presente col corso forzato, è errore, e l'assemblea nol commise due volte. Necker s'oppose a questa nuova diffusione, e mandò una memoria che non fu ascoltata. I tempi erano molto cangiati per lui, ed ei non era più quel ministro, alla conservazione del quale un anno avanti, il popolo metteva la sua felicità. Privo della fiducia del re, guasto co' suoi colleghi, tranne con Montmorin, era negletto dall'assemblea, da cui non riceveva tutti i riguardi che n'attendeva. L'errore di Necker era di credere che la ragione bastasse a tutto, e che manifestata con corredo di passione e di logica, dovesse trionfare della protervia degli aristocrati, e dell'irritazione de' patriotti. Necker possedeva quella ragione un poco altera, che giudica i traviamenti delle passioni, e li biasima; ma era sfornito di quella ragione più alta e meno orgogliosa, che non si ferma al biasimo, ma sa anzi guidarle. Perciò, stando in mezzo alle passioni, ei servì a tutte d'impaccio, e non di freno. Rimasto senza amici dopo la partenza di Mounier, e di Lally, non conservò che l'inutile Malouet. Aveva offeso l'assemblea, rammemorandole continuamente, e con dei rimproveri, la cura più difficile di tutte, quella dell'erario; s'era anche fatto ridicolo per la maniera con cui parlava di sè. La sua renunzia fu accolta con grado da tutti i partiti.[11] Fu arrestata la sua vettura all'uscire del regno da quel medesimo popolo, che l'aveva poco prima portato in trionfo; vi volle un ordine dell'assemblea perchè potesse ottenere la libertà d'andare in Svizzera. Presto l'ottenne, e si ridusse a Coppet, a contemplare di lontano una rivoluzione che era

---

[11] Necker congedossi il 4 settembre.

più acconcio ad osservare, che a governare.

I ministri erano ridotti all'istessa nullità del re, e si davano al più a qualche maneggio, o vano, o colpevole. Saint-Priest corrispondeva cogli emigrati; Latour-du-Pin porgevasi a tutti i voleri de' capi militari; Montmorin godeva la stima di corte, ma non la fiducia, ed era adoprato in pratiche presso i capi popolari, coi quali la sua moderazione il ravvicinava. I ministri furono tutti denunziati per occasione di nuove trame. «Anch'io, disse Cazalés, li denunzierei, se vi fosse generosità in perseguire uomini così deboli; accuserei il ministro del tesoro di non avere informato l'assemblea delle vere entrate dello stato, e di non avere regolato una rivoluzione da lui provocata; il ministro della guerra, d'aver lasciato disordinare l'esercito; il ministro delle provincie, di non aver fatto rispettare gli ordini del re; li accuserei alfin tutti, per la loro nullezza, e per li vili consigli dati al loro signore». L'inerzia è un delitto agli occhi de' partiti, che vogliono correre al loro scopo: ond'è, che il lato destro condannava i ministri, non per quello che avevan fatto, ma per quello che non avevan fatto. Nonostante, Cazalés ed i suoi, benchè li condannassero, opponevansi a domandare al re la loro remozione, per che riguadavano tale domanda come attentato alla prerogativa reale. Questa remozione non fu domandata, ma essi chiesero successivamente il loro congedo, fuor che Montmorin, che solo fu conservato. Duport-du-Tertre, semplice avvocato, fu fatto ministro della giustizia. Duportail, indicato al re da Lafayette, successe a Latour-du-Pin alla guerra, e mostrossi meglio inclinato a favore della parte popolare. Una delle provvisioni che prese, fu di privare Bouillé di tutta la libertà che usava nel suo comando, specialmente della facoltà di permutare le schiere a sua voglia, facoltà di che Bouillé servivasi, come s'è visto, per impedire i soldati d'affratellarsi col popolo.

Il re aveva fatto uno studio particolare sulla storia della rivoluzione inglese. La sorte di Carlo I l'aveva sempre maravigliosamente colpito, e non poteva evitare sinistri presentimenti. Aveva specialmente notato la causa della condanna di Carlo I; questa causa era stata la guerra civile. N'aveva contratto un invincibile orrore per ogni risoluzione, che potesse portare lo spargimento del sangue; e s'era opposto costantemente a tutti i disegni di fuga, proposti dalla regina e dalla corte. Nell'estate passata a Saint Cloud nel 1790, avrebbe potuto fuggire; ma non aveva mai voluto udirne parlare. Gli amici della costituzione temevano, come lui, questa via, la quale sembrava dover portare la guerra civile. Gli aristocrati soli la desideravano, perchè padroni del re allontanandolo dall'assemblea, speravano di governare in suo nome, e di ritornare con lui alla testa degli stranieri, ancor non sapendo che non si va mai che al loro seguito.

Agli aristocrati s'aggiungevano forse alcune fantasie più veloci, che già cominciavano a imaginar la repubblica, alla quale gli altri non pensavano ancora, e della quale non era stato mai pronunziato il nome, se non dalla regina nella sua collera contro Lafayette e contro l'assemblea, che accusava d'aspirarvi con tutte le brame. Lafayette, capo dell'esercito costituzionale, e di tutti gli amici sinceri di libertà, vegliava continuamente sulla persona del monarca. Queste due idee, partenza del re, e guerra civile, erano sì fortemente congiunte nelle menti fin dal principio della rivoluzione, che riguardavasi la sua partenza come una massima calamità.

Tuttavia la cacciata de' ministri, i quali, se non godevano la fiducia di Luigi XVI, erano stati almeno scelti da lui, disgustollo contro l'assemblea, e gli fece temere l'intiera perdita del potere esecutivo. Le nuove dispute religiose, che la mala fede del clero fece sorgere in proposito della costituzione civile, spaventarono la sua timorata coscienza, ed allora pensò a partire. Verso la fine del 1790 ne scrisse a Bouillé, che da prima s'oppose, e quindi cedè per non rendere il suo zelo sospetto allo sfortunato monarca. Mirabeau d'altra parte aveva fatto un disegno per sostenere la causa della monarchia. Comunicando continuamente con Montmorin, non aveva fin'ora intrapreso nulla di serio, perchè la corte sempre vacillante fra lo straniero, l'emigrazione, e la parte popolare, nulla volea schiettamente, e, di tutti i rimedi, temea specialmente quello che sottomettevala ad un arbitro tanto sinceramente costituzionale, come Mirabeau. Tuttavia verso quest'epoca, ella se l'intese interamente con lui. Gli fu tutto promesso se riuscisse, e tutti i soccorsi possibili furono messi in suo potere. Talon, luogotenente-civile al Castelletto, e Laporte, chiamato recentemente presso del re per amministrare la regia provvisione, ebbero ordine di parlargli, e di prestarsi all'esecuzione de' suoi disegni. Mirabeau disapprovava la nuova costituzione. Per una monarchia all'era secondo lui troppo democratica, e per una repubblica v'era di troppo il re. Vedendo specialmente la soverchianza popolare che andava sempre crescendo, deliberassi d'arrestarla. A Parigi, sotto l'imperio della moltitudine, e d'una assemblea onnipossente, niun tentativo era possibile. Non credeva che ad un solo rimedio, allontanare il re da Parigi, e collocarlo a Lione. Là, il re avrebbe parlato; avrebbe gagliardamente spiegato le ragioni che gli facevano disapprovare la nuova costituzione, e n'avrebbe data un'altra, che era già preparata. Nel medesimo tempo avrebbe convocata la prima legislatura. Mirabeau, conferendo in scritto coi deputati più popolari, aveva avuto l'astuzia di carpire a tutti la disapprovazione d'un articolo della costituzione presente. Riunendo queste diverse sentenze, la costituzione tutta intiera trovavasi condannata da' suoi stessi autori.[12] Voleva aggiungerle alla proclamazione del re, per assicurarne l'effetto, e far meglio sentire la necessità d'una costituzione nuova. Non son noti tutti i suoi mezzi d'esecuzione; si sa solamente, che per la vigilanza di Talon luogotenente-civile, aveva guadagnato dei libellisti, degli oratori d'assemblee popolari, e di riunioni; che per lo suo immenso carteggio, dove-

---

[12] Vedi la nota 3 alla fin del volume.

va procacciarsi trenta sei dipartimenti del Mezzogiorno. Certamente ei pensava a giovarsi di Bouillé, ma non voleva mettersi in balìa di questo duce. Mentre Bouillé campeggiava a Montmédy, voleva che il re stesse a Lione; ed egli doveva, secondo le occorrenze, recarsi a Lione o a Parigi. Un principe straniero amico di Mirabeau, fu da Bouillé da parte del re, e gli comunicò il disegno, ma di nascosto da Mirabeau, il quale non pensava a Montmedy[13] ove il re più tardi si diresse. Bouillé, sorpreso da' concetti di Mirabeau, disse che bisognava far tutto per acquistare un tal'uomo, e che per sua parte egli era presto a secondarlo con tutto il suo potere.

Lafayette era straniero a questo progetto. Quantunque fosse sinceramente devoto alla persona del re, non godeva la fiducia della corte, ed inoltre moveva invidia a Mirabeau, il quale nol voleva aver per compagno. Di più era noto, che non voleva seguire che la via retta, e il disegno era troppo audace, e troppo lontano dalle vie legali, per appagarlo. Comunque sia, Mirabeau volle essere il solo esecutore del proprio disegno, e veramente solo il conduceva nell'inverno dal 1790 al 1791. Non si sa, se gli sarebbe riuscito; ma è certo, che, anche senza fare stornare la piena rivoluzionaria, egli avrebbe almeno contribuito alla sua direzione, e certamente, senza cambiare le inevitabili conseguenze d'una rivoluzione come nostra, egli n'avrebbe temperato gli accidenti colla sua gagliarda opposizione. È questione ancora se, pur giungendo a domare la parte popolare, avrebbe potuto signoreggiare l'aristocrazia, e la corte. Uno de' suoi amici gli faceva quest'ultima difficoltà. «M'hanno promesso ogni cosa, diceva Mirabeau. – E se non vi mantengono la parola? – Se non mi mantengono la parola, io li f... nella repubblica.»

---

[13] Bouillé sembra credere nelle sue Memorie, che le proposte gli venisser fatte da parte di Mirabeau, e del re. Ma è un errore. Mirabeau ignorava questo doppio maneggio, e non pensava a mettersi in mano di Bouillé.

Gli articoli principali della costituzione civile, come la nuova circonferenza de' vescovadi, e l'elezione di tutti i funzionari ecclesiastici, erano state decretate. Il re s'era riferito al papa, il quale dopo avergli risposto in tuono mezzo severo e mezzo paterno, s'era riferito
parimente al clero di Francia. Il clero colse l'occasione, e pretese che
lo spirituale veniva compermesso dalle risoluzioni dell'assemblea. Al
tempo stesso sparse de' bandi, dichiarò che i vescovi decaduti non
partirebbero dalle loro sedi, altro che costretti dalla forza; che prenderebbero delle case, e continuerebbero le loro funzioni ecclesiastiche; che i fedeli rimasi tali, non dovevano rivolgersi che a loro. Il clero
intrigava specialmente nella Vandea, ed in certi dipartimenti del
Mezzogiorno, ove si concertava cogli emigrati. Un campo federale era
stato formato a Jallez,[14] ove coll'apparente pretesto delle federazioni,
i pretesi federati volevano stabilire un centro d'opposizione alle risoluzioni dell'assemblea. La parte popolare sdegnossi di questi maneggi; e, forte di sua potenza, sazia di moderazione, risolvette d'usare un
rimedio decisivo. Abbiam visto le cause, che avevano agito
nell'approvazione della costituzione civile. Questa costituzione aveva
per autori i più sinceri cristiani dell'assemblea; e questi, sdegnati
dell'ingiusta resistenza, si proposer di vincerla.

È noto, che un decreto obbligava tutti i pubblici ufiziali a prestar
giuramento alla nuova costituzione. Quando era stato discorso di questo giuramento civile, il clero aveva sempre voluto distinguere la costituzione politica, dalla costituzione ecclesiastica; era stato passato oltre.
Questa volta l'assemblea risolse di esigere dagli ecclesiastici un giuramento rigoroso, che li ponesse nella necessità di partire se nol prestassero, o d'adempiere fedelmente le loro funzioni se il prestassero. Ella
ebbe cura di dichiarare, che non intendeva di violentare le coscienze,
che rispetterebbe il rifiuto di coloro, i quali credendo la religione com

---

[14] Questo campo era stato formato ne' primi giorni di settembre.

promessa dalle leggi novelle, non volessero prestar giuramento; ma che li voleva conoscere, per non confidar loro i nuovi vescovati. In questo le sue pretensioni eran giuste e schiette. Ella aggiungeva nel decreto, che coloro, i quali ricusassero di giurare, sarebbero privi delle funzioni e delle provvisioni; inoltre, per dare l'esempio, tutti gli ecclesiastici che erano deputati, dovevano prestar giuramento nell'assemblea, otto giorni dopo la sanzione del nuovo decreto.

Il lato destro s'oppose; Maury abbandonassi a tutta la sua violenza; fece quanto potè per farsi interrompere, onde aver cagione di lagnarsi. Alessandro Lameth, che teneva la presidenza, gli lasciò la parola, e privollo del contento di essere cacciato dalla tribuna. Mirabeau, più eloquente che mai, difese l'assemblea. «Noi, esclamò, i persecutori della religione! Noi, che le abbiamo reso così nobile e così tenero omaggio, nel più bello de' nostri decreti! Noi che consacriamo al suo culto una spesa pubblica, di cui la prudenza e la giustizia ci avrebbero fatto cotanto economici! Noi, che abbiamo fatto intervenire la religione nella divisione del regno, ond'è che abbiamo piantato il segno della croce su tutti i confini de' dipartimenti! Noi, alfine, che sappiamo, che Dio è necessario agli uomini, quanto la libertà!»

L'assemblea ordinò il giuramento.[15] Il re si riferì subitamente a Roma. L'arcivescovo d'Aix, che da prima aveva combattuto la costituzione civile, sentendo la necessità della pace, s'aggiunse al re e ad alcuni de' suoi colleghi più moderati, per sollecitare il consenso del papa. Gli emigrati di Torino, ed i vescovi oppositori di Francia, scrissero a Roma in senso diverso, ed il papa con diversi pretesti differì la risposta. L'assemblea, sdegnosa di questi indugi, pressò per avere la sanzione del re, il quale, deciso di cedere, usava le astuzie solite della debolezza. Voleva farsi costringere, per parere di non agire liberamente. Infatti aspettò un tumulto, ed allora affrettossi di dar la sanzione.

---

[15] Decreto de' 27 novembre.

Sancito il decreto, l'assemblea volle farlo eseguire, ed astrinse i suoi membri ecclesiastici a prestar giuramento nel suo seno. Uomini e donne, che fin'allora s'eran mostrati poco solleciti di religione, ad un tratto si misero in moto per provocare il rifiuto degli ecclesiastici.[16] Alcuni vescovi, ed alcuni parrochi giurarono. Il maggior numero ricusò, con finta moderazione, e con apparente attaccamento a' suoi principii. L'assemblea insistette nondimeno per la nomina di nuovi vescovi e nuovi parrochi, e fu perfettamente secondata dalle amministrazioni. Gli antichi funzionari ecclesiastici goderono la libertà d'esercitare il loro culto a parte, e coloro che erano dallo stato riconosciuti, preser possesso delle chiese. I dissensienti presero a fitto in Parigi la chiesa de' Teatini, per dedicarvisi a' loro esercizi. L'assemblea v'acconsentì, e la guardia nazionale protesseli quanto potè contro il furore del popolo, che non sempre lasciò loro esercitare in pace il particolare lor ministerio.

L'assemblea è stata accusata d'aver cagionato questo scisma, e d'avere aggiunto una nuova causa di divisione a quelle che v'erano già. Primieramente, circa al diritto, è evidente ad ogni mente giusta, che l'assemblea non eccedeva, occupandosi del temporale della Chiesa. Circa alle considerazioni di prudenza, può dirsi che ella poco aggravava le difficoltà della sua situazione. E veramente la corte, la nobiltà, e il clero, avevan troppo perduto, il popolo troppo acquistato, per non essere nemici irreconciliabili, e perchè la rivoluzione non avesse il suo sfogo inevitabile, anche senza gli effetti del nuovo scisma. Dall'altra parte, quando si distruggevano tutti gli abusi, l'assemblea poteva ella soffrire quelli dell'antico ordinamento ecclesiastico? Poteva ella soffrire, che degli oziosi vivessero nell'abbondanza, mentre i pastori, i soli utili, avevano appena il bisognevole?

[16] Vedi la nota 4 alla fin del volume.

CAPITOLO SECONDO

Aumento d'emigrazione. – Il popolo sollevato assale la rocca di Vincennes. Cospirazione *de' Cavalieri del pugnale*. – Discussione della legge contro gli emigrati. – Morte di Mirabeau. – Trame antirivoluzionarie. Fuga del re, e della sua Famiglia; è arrestato a Varennes, e ricondotto a Parigi. – Disposizioni delle potenze straniere; preparativi degli emigrati. – Dichiarazione di Pilnitz. – Proclamazione della legge marziale al Campo-di-Marte. – Il re accetta la costituzione. – Fine dell'assemblea constituente.

Il lungo ed estremo conflitto, tra la parte nazionale e l'ordine privilegiato del clero, onde abbiamo raccontato i casi principali, fornì di tutto dividere. Mentre il clero travagliava le provincie di Poncnte, e di Mezzogiorno, i profughi di Torino facevano diversi tentativi, che la loro debolezza ed anarchia rendevano inutili. Fu tentata una cospirazione a Lione. Vi fu annunziato l'arrivo de' principi, ed una larga distribuzione di grazie; fu promesso fino a questa città di divenire la metropoli del reame, invece di Parigi che avea mal meritato della corte. Il re, avvisato di questi maneggi, e non sperandone il successo, e forse non desiderandolo, perchè disperava di governare l'aristocrazia vittoriosa, fece quanto potè per impedirli. Questa cospirazione venne scoperta alla fine del 1790, ed i suoi principali autori tradotti ai tribunali. Quest'ultima sciagura decise l'emigrazione a trasferirsi da Torino a Coblenza, ove fermossi sul territorio dell'elettore di Treveri, a danno della sua autorità che dominò tutta intiera. Abbiamo già visto che i membri di questa nobiltà, fuggiti di Francia, erano divisi in due parti: gli uni, vecchi servidori, pasciuti di favori, componendo ciò che si chiamava la corte, non volevano, giovandosi della nobiltà di provincia, far parte a lei di potere, e perciò non volevano ricorrere che allo straniero; gli altri, fidando più sulle loro spade, volevano sollevare le Provincie del Mezzogiorno accendendovi il fanatismo. Vinsero i primi; e partirono per Coblenza sui confini settentrionali, per aspettarvi le potenze. Indarno, coloro che bramavano di combattere nel Mezzogiorno, pressarono che si usasse del Piemonte, della Svizzera, e della Spagna, alleati fedeli e disinteressati, e si lasciasse in loro vicinanza un capo ragguardevole. L'aristocrazia diretta da Calonne, nol volle. Quest'aristocrazia non s'era mutata, abbandonando la Francia: frivola, altiera, incapace, e prodiga a Coblenza come a Versailles, faceva anco meglio apparire i suoi vizi in mezzo alle difficoltà dell'esilio, e della guerra civile. Ci vuol della *cittadinanza* nel vostro diploma, diceva ella a quegli uomini intrepidi, che offrivano di battersi nel Mezzogiorno, e che domandavano sotto qual titolo dovesser servire.[1] Non furon lasciati a Torino, altro che agenti subalterni, che, gelosi gli uni degli altri, si nuocevano reciprocamente, ed impedivano il successo d'ogni tentativo. Il principe di Condé, che sembrava aver conservato tutto il valore del suo lignaggio, non era in grazia presso una parte della nobiltà; si trasse vicino al Reno con tutti coloro, che al pari di esso, non volevano brigare, ma battersi.

L'emigrazione si faceva ogni giorno maggiore, e le vie eran coperte di nobili, che pareva adempiessero un sacro dovere, correndo a prender l'armi contro la patria. Fino le donne credevano di dover dimostrare il loro orrore alla rivoluzione, abbandonando la terra di Francia. In una nazione ove tutto fassi per impeto, emigravasi per moda; dicevasi appena addio; tanto si reputava breve il viaggio, e vicino il ritorno. I rivoluzionari d'Olanda, traditi dal loro capitano, abbandonati dagli alleati, avevano in pochi giorni ceduto; quelli del Brabante non avevano retto molto di più; onde, secondo questi

---

[1] Vedi la nota 5 alla fine del volume.

imprudenti emigrati, la rivoluzione francese doveva esser doma in breve guerra, ed il potere assoluto rifiorire sulla Francia serva.

L'assemblea, irritata più che spaventata, della loro presunzione, aveva proposto dei provvedimenti, i quali erano stati sempre indugiati. Le zie del re credendo la loro coscienza in pericolo a Parigi, pensarono d'andare a trovare la sua salute presso del papa. Partirono per Roma,[2] e furono arrestate per la via dal municipio d'Arnay-le Duc. Il popolo si trasse tosto appresso di Monsignore, che dicevasi presto a fuggire. Monsignore comparve, e promise di non abbandonare il re. Il popolo calmossi: l'assemblea deliberò sulla partenza delle Principesse. Prolungandosi la deliberazione, Menou troncolla con questo motto spiritoso: «L'Europa, disse, resterà maravigliata, quando udrà, che una grande assemblea ha consumato più giorni a decidere, se due vecchie dovessero ascoltare la messa a Roma, o a Parigi.» La deputazione della costituzione fu tuttavolta incaricata di presentare una legge sulla residenza degli ufiziali pubblici, e sull'emigrazione. Questo decreto, approvato dopo dispute violente, forzava gli ufiziali pubblici a risedere nel luogo delle loro funzioni. Il re, come il primo di tutti, era obbligato a non allontanarsi dal corpo legislativo in tempo d'ogni sessione, e, negli altri tempi di non uscire fuori del regno. In caso di violazione della legge, la pena per tutti gli ufiziali era la decadenza. Un altro decreto, sull'emigrazione, fu chiesto alla deputazione.

Intanto il re non potendo più soffrire la forza che gli era fatta, e le diminuzioni d'autorità che l'assemblea gli faceva patire, e particolarmente non avendo nessuna pace di coscienza dopo gli ultimi decreti su i preti, era risoluto a fuggire. Tutto l'inverno era stato consumato in preparativi; eccitavasi lo zelo di Mirabeau, colmavasi di promesse, se gli riuscisse di mettere la famiglia reale in libertà, e, per sua parte,

---

[2] Esse partirono il 19 febbraio 1791.

egli proseguiva il disegno colla maggiore alacrità. Lafayette s'era disgustato coi Lameth. Questi il giudicavano troppo devoto alla corte; e non potendo temere della sua integrità, come di quella di Mirabeau, n'accusavan lo spirito, rimproverandogli di lasciarsi ingannare. I nemici dei Lameth gli accusavano d'esser gelosi della potenza militare di Lafayette, come avevano invidiato la potenza oratoria di Mirabeau. Questi si congiunsero, o parvero congiungersi agli amici del duca d'Orléans, e fu preteso che volessero procurare ad uno di loro il comando della guardia nazionale; era Carlo Lameth che dicevasi aver ambizione d'ottenerlo, ed a questa cagione furono attribuite le difficoltà sempre nuove suscitate poscia a Lafayette.

Il 28 febbrajo il popolo eccitato, è fama, dal duca d'Orléans, trasse alla rocca di Vincennes, destinata dal municipio a racchiudere i prigionieri, troppo spessi nelle carceri di Parigi. La rocca fu assalita come una nuova Bastiglia. Lafayette v'accorse a tempo, e disperse la popolazione del sobborgo di S. Antonio, condotta da Santerre a questa fazione. Mentre ritornava l'ordine in questa parte di Parigi, altre difficoltà gli si preparavano alle Tuileries. Sulla voce d'un tumulto, gran numero de' frequentatori del castello vi s'erano ridotti fino a più centinaia. Portavano armi nascoste, come coltelli da caccia, e pugnali. La guardia nazionale meravigliandosi di quest'affluenza, ne prese sospetto, e disarmò e maltrattò alcune di queste persone. Giunse Lafayette, fece sgombrare il castello, e impadronissi dell'armi. La fama si sparse subitamente; fu detto che erano stati trovati con dei pugnali, onde poi furono chiamati *cavalieri del pugnale*. Asserirono di non esser venuti, che per difendere la persona del re minacciata. Fu loro rimproverato d'averlo voluto portar via; e secondo l'usato, la cosa finì con calunnie scambievoli. Questo fatto chiarì la vera situazione di Lafayette. Si vide ancor meglio allora, che posto tra le parti più differenti, era là per proteggere la persona del re e la costituzione. La sua doppia vittoria gli accrebbe la popolarità, e la potenza, e l'odio de' suoi nemici. Mirabeau, che aveva il torto d'aumentare le diffidenze della corte a riguardo di lui, rappresentò quella condotta come profondamente ipocrita. Sotto l'apparenza di moderazione e di guerra a tutti i partiti, ella tendeva, secondo lui, all'usurpazione. Nel suo dispetto, accusava i Lameth come malvagi ed insensati, uniti ad Orléans, e come non aventi nell'assemblea che una trentina di fautori. Rispetto al lato destro, dichiarava di non sapere che farne, e si riduceva su tre o quattro cento membri, scevri d'ogni legame, e sempre pronti a decidersi secondo l'impressione della ragione e dell'eloquenza che egli operava nel momento.

In questo prospetto non v'era altro di vero, che il giudizio della forza propria dei partiti, e il pensiero sul modo di dirigere l'assemblea. Egli infatti la governava, dominando su tutti coloro che non avevano un partito deliberato. In questo medesimo giorno, 28 febbraio, egli esercitava quasi per l'ultima volta l'impero, spiegava l'odio suo contro i Lameth, e volgeva contro di loro la sua temuta potenza.

La legge sull'emigrazione era per discutersi. Chapelier presentolla in nome della deputazione. Diceva, che divideva la generale indignazione contro que' Francesi che abbandonavan la patria, ma dichiarava che dopo molti giorni di riflessione la deputazione aveva riconosciuto l'impossibilità di fare una legge sull'emigrazione. Infatti era difficile farla. Prima di tutto bisognava vedere, se v'era diritto di fissar l'uomo al suolo. V'era senza dubbio, se la salute della patria il volesse; ma bisognava distinguere le cagioni de' viaggiatori, ciò che diveniva inquisitoriale; bisognava distinguere la qualità di Francesi o di stranieri, d'emigranti, o di semplici mercatanti. La legge era dunque difficilissima, se non era impossibile. Chapelier aggiunse che la deputazione, per obbedire all'assemblea ne aveva distesa una; che quando si volesse, la leggerebbe, ma che avanti egli avvertiva che ella violava tutti i principi! – Leggete... Non leggete... si grida da tutte le parti. – Molti deputati voglion prendere la parola. Anche Mirabeau la dimanda, e l'ottiene, e, per lo meglio, comanda silenzio. Legge una pistola eloquentissima, altra volta diretta a Federigo Guglielmo, colla quale reclamava la libertà d'emigrazione come uno de' più sacri diritti dell'uomo, il quale, non essendo attaccato per radici al suolo, non vi deve restare attaccato che per la felicità. Mirabeau, forse per compiacere alla corte, ma sopratutto per persuasione, rigettava come tirannica ogni risoluzione contro la libertà d'andare e venire. Veramente abusavasi nel momento di questa libertà, ma l'assemblea sostenendosi sulla sua forza, aveva tollerato tanti eccessi della stampa commessi contro di lei, aveva sofferto tanti vani tentativi, e gli aveva sì vittoriosamente respinti col disprezzo, che potevasi confortarla di durare in quel sistema. Mirabeau è applaudito per la sua opinione, ma si seguita a domandare la lettura del progetto di legge. Chapelier finalmente lo legge: questo progetto proponeva d'istituire, in caso di tumulto, una potestà dittatoriale, composta di tre membri, la quale distinguesse nominatamente, e a suo grado, coloro che avrebbero la libertà di girare fuori del regno. A questa sanguinosa ironia, che rivelava l'impossibilità della legge, si leva un mormorio. – Il vostro rumore m'ha consolato, dice Mirabeau, i vostri cuori rispondono al mio, e rigettano questa assurda tirannia. Per me, io mi credo sciolto da ogni giuramento verso coloro, che avranno l'infamia d'ammettere una potestà dittatoriale. – S'inalzano delle grida dal lato sinistro. – Sì, ripete egli, io giuro... – È nuovamente interrotto... – Questa popolarità, riprende con voce tonante, che io ho ambita, e onde ho goduto al pari d'ogni altro, non è vana fronda; io pianterolla profondamente sotterra..., e la farò germogliare Sul campo della giustizia, e della ragione... – Gli applausi prorompono da tutte le parti. – Io giuro, segue l'oratore, che se una legge d'emigrazione sarà votata, io giuro di violarla.

Scende dalla tribuna dopo avere sorpreso l'assemblea, e sbigottito i suoi nemici. Tuttavia la discussione si prolunga; chi vuole l'aggiorna-

mento per aver tempo di fare una legge migliore; chi vuole che sia
subito dichiarato di non far nulla, per calmare il popolo e sedare l'agitazione. Si mormora, si grida, s'applaude. Mirabeau domanda di
nuovo la parola, e sembra che l'esiga... – Qual'è il titolo di dittatura,
grida Goupil, che esercita qui Mirabeau? – Mirabeau, senza ascoltarlo, si slancia alla tribuna. – Io non ho dato la parola, dice il presidente; l'assemblea decida. – Ma, senza nulla decidere, l'assemblea ascol-
ta. Prego gl'interruttori, dice Mirabeau, di rimembrare, che per tutta
la vita ho combattuto la tirannia, e la combatterò per tutto ove si sarà
ricovrata; – e pronunziando questi accenti, gira gli sguardi da destra
a sinistra. Applausi numerosi secondano la sua voce; risponde – Prego
Goupil, di rammentarsi, che s'è ingannato altra volta sopra d'un
Catilina, i cui oggi respinge la dittatura;[3] prego l'assemblea ad osservare, che la questione dell'aggiornamento, semplice in apparenza, ne
racchiude delle altre, e, per esempio, suppone che una legge sia da
fare. – Nuovo rumore si leva a sinistra. – Silenzio alle trenta voci!
esclama l'oratore, fissando gli occhi sul posto di Barnave e de'
Lameth. – Alla fine, aggiugne, se vuolsi, io voto per l'aggiornamento,
ma a patto che sia decretato che di qui alla spirazione
dell'aggiornamento non vi saran sedizioni. – Generali acclamazione
ricuoprono quest'ultime parole. Nondimeno l'aggiornamento è
vinto, ma a sì meschina pluralità, che n'è disputato il successo, ed è
chiesto il secondo partito.

Mirabeau in questa occasione colpì specialmente per l'audacia;
forse giammai egli non avea più imperiosamente signoreggiato l'assemblea. Ma il suo fine s'avvicinava, e questi erano gli estremi trion-
fi. I presentimenti di morte confondevansi co' suoi vasti progetti, e
alcuna volta n'arrestavano il corso. Tutta volta la sua coscienza era

---

[3] Goupil, assalendo altra volta Mirabeau, aveva gridato col lato destro. "Catilina è alle nostre
porte!"

soddisfatta; la pubblica stima s'accordava alla propria, assicurandolo, che se non aveva fatto ancora assai per la salute dello stato, aveva al meno fatto assai per la gloria. Pallido, e cogli occhi profondamente incavati, alla tribuna pareva interamente cangiato, ed era preso sovente da' subite mancanze. Gli eccessi dei piaceri e del lavoro, le commozioni della tribuna, avevano in poco tratto consumata quella vita sì forte. Dei bagni contenenti una dissoluzione di sublimato, avevan prodotto quell'aria verdastra attribuita a veleno. La corte era sbigottita, tutti i partiti stupefatti, e avanti alla sua morte, già se ne domandava la causa. L'ultima volta parlò a cinque differenti respiri, uscì sfinito, e non ricomparve più. Il letto di morte l'accolse, e nol rese che al Panteone. Aveva voluto la promessa da Cabanis, che non gli fosser chiamati medici; nondimeno gli fu disobbedito, e il trovarono che la morte già s'appressava, e gli aveva invaso i piedi. Il capo fu arrivato l'ultimo, quasi che la natura avesse voluto lasciar brillare il suo genio fino all'estremo momento. Immenso popolo pressava intorno alla sua dimora, e occupava tutti gli ingressi in profondo silenzio. La corte mandava messaggi sopra messaggi; gli avvisi della sua salute giravano di bocca in bocca, e spargevano per tutto il dolore ad ogni passo della malattia. Egli, cinto dagli amici, esprimeva qualche rammarico sulle tronche fatiche, qualche alterezza sulle fatiche passate: – Reggi, diceva egli al suo famiglio, reggi questa testa, la più forte della Francia. L'ansietà del popolo lo commosse; la visita di Barnave suo nemico, che presentossi a lui a nome de' Giacomini, cagionogli una dolce sensazione. Porse ancora alcuni pensieri alla cosa pubblica. L'assemblea doveva occuparsi del diritto di testare; fece chiamare de Talleyrand, e gli diede un discorso da lui scritto. – Sarà cosa curiosa, gli disse, il sentir parlare contro i testamenti un uomo che non è più, e che ha fatto il suo. La corte infatti aveva voluto che il facesse, promettendo di soddisfare tutti i legati. Rivolgendo i pensieri sull'Europa, e indovinando i disegni dell'Inghilterra: «Pitt, diss'egli, è il ministro degli apparecchi; governa colle minacce: se io vivessi, gli darei molta briga.» Il parroco della cura venendo ad offrigli i suoi uffici, ei civilmente ringraziollo, e sorridendo gli disse, che ei gli avrebbe volentieri accettati, se in casa non avesse il suo superiore ecclesiastico, il vescovo d'Aulun. Fece aprire le finestre: – Amico, disse a Cabanis, morirò oggi: non resta altro che involgermi di profumi, coprirmi di fiori, circondarmi di musica, per entrare placidamente nel sonno eterno. Dolori pungenti troncavano di quando in quando queste parole sì nobili, sì tranquille. «M'avete promesso, disse a suoi amici, di risparmiarmi inutili tormenti.» E dicendo queste parole, chiede istantemente dell'oppio. Come gli veniva negato, egli l'esige coll'usata violenza. Per sodisfarlo, viene ingannato col presentargli una coppa, assicurandolo che conteneva dell'oppio. Ei la prende con calma, sugge la bevanda che crede fatale, e sembra contento. Un momento dopo spirò. Era, il 2 d'aprile 1791. Questa novella si diffuse immantinente, alla corte, per la città, nell'assemblea. Tutti i partiti operavano in lui, e tutti, tranne, gli invidiosi, son colpiti di dolore. L'assemblea interrompe i suoi lavori, un lutto generale è ordinato, e preparati magnifici funerali. Son chiesti alcuni deputati. «Anderemo tutti» esclamano. La chiesa di Santa Genoveffa è mutata in Panteone, con questa iscrizione, che non è più al momento in ch'io scrivo questi fatti:

AI GRAND'UOMINI LA PATRIA RICONOSCENTE.[4]

Mirabeau vi fu posto il primo accanto a Descartes. Il giorno dopo furon fatti i funerali. Tutte le autorità, i membri del dipartimento, i municipii, le società popolari, l'assemblea, la milizia, accompagnava-

---

[4] La rivoluzione del 1830 ha fatto tornare questa iscrizione, e reso questo monumento al destino decretato dall'assemblea nazionale.

no il convoglio. Un semplice oratore otteneva più onori, che non n'avessero giammai avuti i feretri pomposi, che andavano una volta a San Dionigi. Così finì quest'uomo straordinario, che dopo avere audacemente assalito e vinto le vecchie classi, ardì di rivolgere i suoi sforzi contro le nuove che l'avevano aiutato a vincere, d'arrestarle colla sua voce, e fargliela amare adoprandola contro di loro; quest'uomo, che fece il suo dovere per ragione, per inclinazione, e non per un po' d'oro gettato alle sue passioni, ed ebbe l'onor singolare, mentre tutte le popolarità finirono per la disaffezione del popolo, di vedere la sua non cedere che alla morte. Ma avrebb'egli ridotto alla rassegnazione il cuor della corte, alla moderazione il cuore degli ambiziosi? avrebb'egli detto a que' tribuni popolari che bramavano anch'essi di comparire: *Statevi ne' vostri oscuri sobborghi?* avrebb'egli detto a Danton, il Mirabeau della moltitudine: *Arrestati nel tuo quartiere, e non salire più alto?* Non si sa; ma al momento della sua morte, tutti gi' interessi incerti s'erano rimessi nelle sue mani, e fidavano sopra di lui. Per lungo tempo fu sospirata la sua presenza. Nella confusione delle dispute, portavansi gli sguardi su quel posto, che egli avea occupato, e sembrava s'invocasse colui, che con un motto vittorioso le definiva. «Non c'è più Mirabeau, disse un giorno Maury salendo alla tribuna; non mi sarà impedito di parlare.»

La morte di Mirabeau tolse il coraggio alla corte. Nuovi fatti vennero ad accelerare la sua risoluzione di fuga. Il 18 d'aprile il re voleva andare a Saint Cloud. Fu sparso la voce, che non volendo valersi d'un prete giurato per li doveri pasquali, avesse risoluto d'allontanarsi nel tempo della settimana santa; altri pretesero che volesse fuggire. Il popolo subito si raduna ed arresta i cavalli. Lafayette accorso, prega il re a restare in carrozza, offrendosi d'aprigli il passaggio. Nondimeno il re ne discende, e non permette si faccia alcun tentativo: era l'antico maneggio di non sembrar d'esser libero. Sull'avviso de' suoi ministri, si rende all'assemblea per lagnarsi dell'oltraggio che avea ricevuto. L'assemblea l'accolse colle solite attenzioni, promettendogli di far tutto quello che da lei dipendeva per assicurare la sua libertà. Luigi XVI si parte applaudito da tutti i punti, fuorchè dal lato destro. Il di 23 d'aprile, per consiglio datogli, fa scrivere a de' Montmorin una lettera agli ambasciatori stranieri, colla quale smentisce le intenzioni a lui supposte fuori di Francia, dichiara alle potenze che egli ha prestato giuramenti alla costituzione, ed è disposto a mantenerlo, e dichiara suoi nemici tutti coloro che insinuassero il contrario. L'espressioni di questa lettera erano spontaneamente esagerate, ond'ella sembrasse carpita dalla violenza tanto il re stesso dichiarò all'inviato di Leopoldo. Questo principe allora percorreva l'Italia, e in quel momento trovavasi a Mantova. Calonne negoziava appresso di lui. Un inviato, Alessandro de Durfort, venne da Mantova presso il re e la regina, per informarsi delle loro intenzioni. Prima interrogolli sulla lettera scritta agli ambasciatori, ed essi risposero che doveva conoscersi dal linguaggio che ella era estorta; gl'interpellò quindi sulle loro speranze, ed essi risposero che più non n'avevano dopo la morte di Mirabeau; finalmente sulle loro intenzioni riguardo al conte d'Artois, ed essi asserirono che erano eccellenti.

Per comprendere la ragione di quelle domande, fa d'uopo sapere che il barone di Breteuil era nemico dichiarato di Calonne; che la sua inimicizia non era finita coll'emigrazioni, e che munito presso la corte di Vienna di pieni poteri da Luigi XVI, [5] contrariava tutti i passi de' principi. Assicurava Leopoldo che il re non voleva esser salvo dagli emigrati, perchè temeva le loro pretensioni, e che la regina era personalmente corrucciata col conte d'Artois. Proponeva sempre per la salvezza del soglio il contrario di quanto proponeva Calonne; e nulla obliò per impedire l'effetto di questo nuovo negoziato. Il conte de Durfort tornò a Mantova; ed il 20 di maggio 1791, Leopoldo promi-

[5] Vedi in proposito Bertrand de Molleville.

se di far marciare trenta cinque mila uomini in Fiandra, e quindici mila in Alsazia. Annunziò che un numero uguale di Svizzeri doveva rivolgersi contro Lione, altrettanti Piemontesi sul Delfinato, e che la Spagna adunerebbe venti mila uomini. L'imperadore prometteva l'aiuto del re di Prussia, e la neutralità dell'Inghilterra. Una protesta, in nome della casa di Borbone, doveva vergarsi del re di Napoli, dal re di Spagna, dall'infante di Parma, e da' principi fuorusciti. Fino a quel punto si richiedeva massimo segreto. Era raccomandato eziandio a Luigi XVI di non pensare ad allontanarsi, quantunque n'avesse esternato il desiderio; mentre al contrario Breteuil consigliava al re di partire. È possibile che i consigli fossero dati da una parte e dall'altra di buona fede; ma bisogna notare frattanto, che eran porti nel senso degli interessi d'ognuno. Breteuil, che voleva combattere il negoziato di Calonne a Mantova, consigliava la partenza; e Calonne, che più non avrebbe dominato se Luigi XVI si fosse trasferito alla frontiera, confortavalo a restare. Comunque siasi il re si decise a partire, e più volte ha detto con dispetto: «È stato Breteuil che l'ha voluto.»[6] Perciò scrisse a Bouillé, che aveva risoluto di non più aspettare. La sua intenzione non era d'uscire del reame, ma di ritirarsi a Montmédy, di dove poteva al bisogno sostenersi su Luxemburgo, e ricevere gli aiuti forestieri. Fu prescelta la strada di Châlons per Clermont e Varennes, ad onta de' consigli di Bouillé. Furon fatti tutti i preparativi per partire il 20 di giugno. Il capitano adunò quelle schiere sulle quali maggiormente fidava, preparò un campo a Montmédy, raccolse foraggi, e prese pretesto a tutte queste disposizioni dai movimenti che scorgeva sulla frontiera. La regina aveva assunto l'incarico dei preparativi da Parigi fino a Châlons; e Bouillé da Châlons fino a Montmédy. Piccoli corpi di cavalleria dovevano, sotto colore di scortare un tesoro, dirigersi su diversi punti, e ricevere il re al suo passaggio. Bouillé pro-

---

[6] Vedi Bertrand de Molleville.

ponevasi d'avvicinarsi in persona a piccola distanza da Montmédy. La regina erasi assicurata d'una porta segreta per uscire dal castello. La famiglia reale doveva viaggiare sotto nome forestiero e con passaporto falso. Tutto era preparato per il dì 20; tuttavia il timore fece ritardare il viaggio fino al 21, ritardo che fu fatale a questa disgraziata famiglia. Lafayette era in una piena ignoranza del viaggio; Montmorin medesimo, malgrado la confidenza della corte, intieramente ignoravalo; non furono ammesse alla confidenza di questo disegno, altro che le persone indispensabili alla sua esecuzione. Alcuni sentori di fuga per altro si erano avuti, o che fosse trapelato il progetto, o che fosse uno di quei timori allora sì frequenti. Comunque sia, la deputazione delle ricerche n'era stata avvertita e la vigilanza della guardia nazionale era aumentata.

Il 20 di giugno, verso la mezza notte, il re, la regina, madama Elisabetta, madama di Tourzel aja de' reali figli si travestono, ed escono uno dopo l'altro dal castello. Madama de Tourzel coi figli va al piccolo Carrousel, salita in una carrozza guidata da de Fersen, giovin signore straniero, travestito da cocchiere. Il re subito li raggiunge. Ma la regina, che era partita con una guardia del corpo, cagiona a tutti le maggiori inquietudini. Nè essa, nè la sua guida non conoscevano le contrade di Parigi; ella si smarrì, e non ritrovò il piccolo Carrousel, altro che dopo un'ora; nell'andare, incontrò la carrozza di Lafayette, le cui genti portavano delle torcie. Si nascose sotto gli sportelli del Louvre, e salva da questo pericolo, giunse alla carrozza ove con tanta impazienza era aspettata. Dopo essersi così riunita, tutta la famiglia si mette in viaggio, e giunge dopo lungo tragitto, e dopo aver fallito un'altra volta la via, alla porta San Martino, ove sale in una berlina attaccata a sei cavalli che stava lì ad aspettarli. Madama de Tourzel, sotto il nome di madama de Korff, doveva passare per una madre che viaggiasse co' suoi figli; il re doveva credersi suo valletto di camera; tre guardie del corpo travestite, dovevano precedere la carrozza come corrieri, o seguitarla come servitori. Alla fine partirono, accompagnati dagli augurj di de Fersen, che rientrò in Parigi per prendere la strada di Bruselle. In questo mentre, Monsignore si dirigeva verso la Fiandra colla moglie, e prendeva un'altra via per non dar sospetto, e per non far mancare i cavalli alle mute.

Il re e la sua famiglia viaggiarono tutta la notte, senza che Parigi se n'avvedesse. De Fersen corse al municipio, per vedere se si sapeva nulla; alle otto del mattino non si sapeva ancora. Ma subitamente la voce si sparse, e rapidamente divulgossi. Lafayette riunì i suoi ajutanti di campo, gli ordinò di partire ad un tratto, dicendo, che e' non raggiungerebbero sicuramente i fuggitivi, ma che bisognava far qualche cosa; prese sopra di sè la responsabilità dell'ordine dato, e supponeva, nell'esposizione dell'ordine, che la famiglia reale fosse stata tolta da' nemici della cosa pubblica. Questa rispettosa supposizione fu ammessa dall'assemblea, e costantemente seguita da tutte le autorità. Intanto il popolo ammutinato, rampognava Lafayette d'aver favorito la fuga del re, e più tardi la parte aristocratica l'ha accusato d'aver lasciato fuggire il re, per poi arrestarlo, e per perderlo con questo inutile passo. Intanto, se Lafayette avesse voluto lasciar fuggire Luigi XVI, gli avrebb'egli mandato dietro, senza alcun ordine dell'assemblea, due aiutanti di campo? E se non l'avesse lasciato fuggire altro che per riprenderlo, come han supposto gli aristocrati, avrebbe egli dato una notte intiera di giunta alla vettura? Il popolo fu presto disingannato, e Lafayette racquistò le buone grazie.

L'assemblea si riunì alle nove del mattino. Spiegò un contegno dignitoso, come ne' primi giorni della rivoluzione. Fu convenuta la supposizione, che Luigi XVI fosse stato sottratto. La massima calma, la maggiore unione regnarono in tutta questa adunanza. I provvedimenti presi spontaneamente da Lafayette, furono approvati. Il popolo aveva arrestato i suoi ajutanti di campo alle barriere; l'assemblea, ovunque obbedita, fece loro aprire le porte. Uno di loro, il giovine Romeuf, portò seco il decreto che confermava gli ordini già dati dal capitano, ed ingiungeva a tutti i pubblici funzionari *d'arrestare*, con tutti i mezzi possibili, *le conseguenze di quella sottrazione, e d'impedire la continuazione del viaggio.* Secondo il desiderio e le indicazioni del popolo, Romeuf prese la via di Châlons, che era la vera, e che era stata indicata per tale dietro alla vista d'una vettura a sei cavalli. L'assemblea fece quindi chiamare i ministri, e decretò che non ricevessero ordini altro che da lei. Luigi XVI, nel partire, aveva ordinato al ministro della giustizia di mandargli il sigillo dello stato; l'assemblea dicise, che il sigillo sarebbe conservato, per apporlo a' suoi decreti; decretò insieme che le frontiere fossero messe in stato di difesa, e commise al ministro degli affari stranieri, d'assicurare le potenze che le intenzioni del popolo francese verso di loro non eran cangiate.

Fu quindi sentito de Laporte, intendente della provvisione reale. Egli aveva ricevuto diversi messaggi dal re, e fra gli altri un biglietto che pregò l'assemblea a non aprire, ed una memoria contenente le cause della partenza. L'assemblea, pronta a rispettare tutti i diritti, rese a de Laporte senza aprirlo, il biglietto che e' non voleva far pubblico, e ordinò la lettura della memoria. Questa lettura fu ascoltata con massima calma, e non produsse quasi nessuna impressione. Il re si lamentava delle sue perdite di potere, con poca dignità, e si mostrava offeso allo stesso pari d'essere ridotto a trenta milioni di provvisione reale, che d'aver perso tutte le sue prerogative. Furono ascoltate tutte le lagnanze del monarca, fu compianta la sua debolezza, e si passò oltre.

In questo momento poche persone desideravano l'arresto di Luigi XVI. Gli aristocrati miravano nella sua fuga il compimento della più antica lor brama, e speravano vicinissima la guerra civile. I membri più arditi della parte popolare, che già cominciavano ad annoiarsi del re, trovavano nella sua assenza l'occasione di farne senza, ed alzavano il pensiero e la speranza alla repubblica. Tutta la parte moderata che allora governava l'assemblea, bramava che il re si ritirasse sano e salvo a Montmédy; e, fidando nella sua equità, sperava che tornasse più facile un accomodamento fra il trono e la nazione. Presentemente faceva assai meno spavento di prima, il vedere il monarca minacciare la costituzione di mezzo a un esercito. Il popolo solamente, al quale non erasi cessato di spirare questo timore, il conservava tuttavia, quando l'assemblea non vi partecipava più, e faceva ardenti voti per l'arresto della famiglia reale. Tal era lo stato delle cose a Parigi.

La vettura partita nella notte del 20 al 21, aveva varcato felicemente gran parte del cammino, ed era giunta senza ostacolo a Châlons, il 21, verso le cinque dopo mezzo giorno. Là il re, che aveva il vizio d'affacciarsi spesso col capo allo sportello, fu riconosciuto; colui che il conobbe, voleva in principio svelare il segreto, ma fu impedito dal gonfaloniere, che era regio fedele. Arrivato a Pont-de-Sommeville, la famiglia reale non vi trovò i drappelli che dovevano riceverla; questi drappelli avevano aspettate più ore; ma la sollevazione del popolo, il quale s'insospettiva di tal movimento di milizie, gli aveva costretti a ritirarsi. Frattanto il re giunse a Sainte-Menehould. Là, affacciandosi sempre col capo allo sportello, fu adocchiato da Drouet figliuolo del maestro di posta, caldo rivoluzionario. Subito questo giovine, non avendo tempo di fare arrestare la vettura a Sainte-Menehould, corse a Varennes. Un bravo quartiermastro, che s'accorse della sua ansietà, e ne sospettò la cagione, gli vola dietro per arrestarlo, ma nol può raggiungere. Drouet fa tanta fretta, che arriva a Varennes avanti la disgraziata famiglia; ad un tratto avverte il municipio, e fa prendere senza dilazione tutti i provvedimenti necessari per l'arresto. Varennes è situata sulla riva d'una stretta e profonda fiumana; un drappello d'ussari vi stava in guardia; ma l'ufiziale non vedendo giungere il tesoro, che a lui era stato annunziato, aveva lasciato le sue genti ne' quartieri. Arriva la vettura, e varca il ponte. Appena era essa penetrata sotto una volta che bisognava traversare, Drouet, aiutato da un'altra persona, arresta i cavalli: *Il passaporto!* grida, e con un archibuso minaccia i viaggiatori, se si ostinano a andare avanti. Obbediscono a quell'ordine, e presentano il passaporto. Drouet il prende, e dice che deve esaminarlo il procuratore del comune; e la famiglia reale è condotta davanti a questo procuratore, chiamato Sausse. Questo, dopo avere esaminato il passaporto, finge di trovarlo in regola, e con molto riguardo prega il re a attendere. Attendesi così un pezzo. Quando Sausse finalmente si fu assicurato, che era riunito un numero sufficiente di guardie nazionali, cessa di simulare, e dichiara al principe, che è riconosciuto, e arrestato. Nasce un contrasto; Luigi pretende di non essere quegli che dicono, e la disputa facendosi troppo grave: – «Se voi lo riconoscete per vostro re, grida la regina con impazienza, parlategli dunque col dovuto rispetto.»

Il re, vedendo che il negare era inutile, cessò dal nascondersi più lungamente. La piccola stanza era piena di gente; prende la parola, e s'esprime con un calore che non gli era consueto. Protesta le sue buone intenzioni, asserisce che non andava a Montmédy, che per esaudire più liberamente i desideri dei popoli, togliendosi alla tirannia di Parigi; e domanda di continuare il cammino, e d'essere condotto al fine del suo viaggio. Il disgraziato principe, tutto intenerito abbraccia Sausse, domandandogli la salvezza della sposa e de' figli; la regina a lui s'unisce, e prendendo il delfino fra le braccia, scongiura Sausse a salvarli. Sausse resta commosso, ma non cede, e li conforta a ritornare a Parigi per evitare la guerra civile. Il re, invece, impaurito a ritornare, seguita a volere andare avanti a Montmédy. Frattanto de Damas e de Goguelas erano arrivati co' drappelli collocati ne' diversi punti. La famiglia reale si credeva liberata, ma non si poteva contare sugli ussari. Gli ufiziali li riuniscono, annunziando loro che il re e la sua famiglia sono arrestati, e che bisognava salvarli; ma quelli rispondono, che sono per la nazione. Nel medesimo tempo le guardie nazionali, chiamate da tutti i dintorni, accorrono e riempion Varennes. Tutta la notte si passa in questo stato; alle sei del mattino il giovine

Romeuf arriva portando il decreto dell'assemblea; trova la vettura attaccata a sei cavalli, e voltata verso Parigi. Sale, e presenta con garbo il decreto. Un grido di tutta la famiglia s'alzò contro Lafayette, che la faceva arrestare. La regina parve anche stupita, che egli non fosse perito per le mani del popolo; il giovine Romeuf risponde, che esso e il suo capitano hanno fatto il loro dovere inseguendoli, ma che non speravano di raggiungerli. La regina prende il decreto, il getta sul letto de' figli, poi nel carpisce dicendo, che li sozzerebbe. – Madama, le disse Romeuf che le era devoto, bramereste anzi che un altro fuori di me fosse testimone di questi trasporti? Allora la regina tornò in sè, e si ricompose nella sua dignità. Veniva annunziato in tanto l'arrivo di diversi corpi collocati all'intorno da Bouillé. Ma il municipio allora ordinò la partenza, e la famiglia reale fu costretta di rimontare subitamente in vettura, e riprender la via di Parigi, via fatale e temuta.

Bouillé, avvertito durante la notte, aveva fatto montare a cavallo un reggimento, ed era partito al grido di *viva il re !* Il bravo capitano, divorato dall'inquietudine, marciò in tutta fretta, e fece nove leghe in quattro ore; arrivò a Varennes, dove trovò già riuniti diversi corpi, ma il re era partito un'ora e mezza avanti. Varennes era abbarricata e fortificata con buoni provvedimenti, perchè il ponte era stato rotto, e il fiume non era guadabile. Onde Bouillé, per salvare il re, doveva prima combattere per aprire le barricate, poi valicare il fiume, e dopo perso tutto questo tempo, doveva raggiungere la vettura, la quale già gli era innanzi d'un'ora e mezza. Questi ostacoli rendevano impossibile qualunque tentativo; e non ci voleva meno d'una tale impossibilità, per frenare un uomo tanto affezionato, e tanto intraprendente quanto Bouillé. Però si ritirò, lacerato di rammarico e di dolore.

Quando a Parigi si seppe l'arresto del re, era già creduto fuori di pericolo. Il popolo vi provò un'allegrezza straordinaria. L'assemblea deputò tre commissari, scelti nelle tre sezioni del lato sinistro, per accompagnare il monarca, e rimenarlo a Parigi. Questi commissari erano Barnave, Latour-Maubourg, e Pétion. Mossero a Châlons, e quand'ebbero raggiunto la corte, tutti gli ordini partirono da loro soli. Madama de Tourzel passò in una vettura del seguito con Latour-Maubourg; Barnave, e Pétion salirono nella carrozza della famiglia reale. Latour-Maubourg, uomo distinto, era amico di Lafayette, e com'esso devoto del pari al re e alla costituzione. Cedendo a' suoi colleghi l'onore d'essere colla famiglia reale, era sua intenzione d'interessarli alla grandezza infelice. Barnave s'assise di dietro, in mezzo al re e alla regina; Pétion davanti, tra madama Elisabetta, e la figlia reale. Il giovine delfino sedeva alternativamente su' ginocchi degli uni o degli altri. Tanto era stato rapido il corso degli avvenimenti! Un giovine avvocato di poco più di venti anni, notabile solo per l'ingegno; un altro distinto per lumi, ma specialmente per la rigidezza de' suoi principii, stavano assisi allato d'un principe non ha guari il più assoluto d'Europa, e comandavano a tutti i suoi moti! Il viaggio era lento, perchè la vettura seguitava il passo delle guardie nazionali. Da Varennes a Parigi durò otto giorni. Il caldo era estremo, e la polvere ardente sollevata dalla folla, soffogava i viaggiatori. I primi momenti furono in silenzio, la regina non poteva nascondere il suo corruccio. Il re alfine cominciò conversazione con Barnave. Il discorso girò su tutti gli oggetti, e finalmente sulla fuga a Montmédy. Gli uni e gli altri si meravigliarono di riconoscersi. La regina fu sorpresa della ragion superiore, e dal tratto delicato del giovine Barnave; ben tosto alzatasi il velo, prese parte al discorso. Barnave fu commosso della bontà del re, e della graziosa dignità della regina. Pétion mostrò maggiore rigidezza; usò, e ricevè minori riguardi. Quando arrivarono, Barnave era affezionato a quella disgraziata famiglia, e la regina, rapita dal merito e dal senno del giovine tribuno, aveva per lui tutta la stima. Onde nelle relazioni che ebbe di poi co' deputati costituzionali, fu sempre ad esso, ch'ella mostrò maggior confidenza. Le parti si perdonerebbono, se potessero vedersi e intendersi.[7]

A Parigi era stato preparato il ricevimento che si doveva fare alla famiglia reale. Era stato sparso un bando e attaccato per tutto: *Chiunque applaudirà il re sarà frustato; chiunque l'insulterà sarà impiccato.* L'ordine fu eseguito puntualmente, e non s'udirono nè applausi, nè insulti. La vettura fece un rigiro per non attraversar Parigi. Fu fatta entrare dai Campi-Elisi, che conducono direttamente al castello. Una moltitudine immensa l'accolse in silenzio e col cappello in capo. Lafayette seguito da numerosa guardia, aveva preso tutte le precauzioni. Le tre guardie del corpo, che avevano tenuto mano alla fuga, stavano a cassetta esposte alla vista e alla collera del popolo; nondimeno non patirono nessuna violenza. La vettura appena arrivata al castello, fu circondata. La famiglia reale discese in fretta, e passò in mezzo a doppia fila di guardie nazionali destinate a proteggerla. La regina rimasta l'ultima, si vide quasi portata col braccio da de Noailles e d'Aiguillon, nemici della corte, ma generosi amici della sventura. Vedendoli avvicinare, prese prima qualche sospetto delle loro intenzioni, ma s'abbandonò a loro, e giunse sana e salva al palazzo.

Tale fu questo viaggio, la cui trista riuscita non può giustamente accagionarsi ad alcuno di coloro, che l'avevano preparato. Un accidente il fece fallire. Un accidente poteva farlo riuscire. Se Drouet, per esempio, fosse stato raggiunto e arrestato dal suo inseguitore, la vettura si sarebbe salvata. Forse anche il re mancò di coraggio quando fu riconosciuto. Comunque sia, questo viaggio non può essere rimproverato a persona, nè a coloro che l'hanno consigliato, nè a coloro che l'hanno eseguito; era la conseguenza di quella fatalità che incalza la debolezza, in mezzo alle vicende delle rivoluzioni.

L'effetto del viaggio di Varennes fu di distruggere affatto il rispetto del re, avvezzare le menti a far senza di lui, e far nascere la brama della

---

[7] Vedi la nota 6 alla fine del volume.

repubblica. Nel mattino del suo arrivo, l'assemblea con un decreto avea provvisto a tutto.[8] Luigi XVI fu sospeso dalle sue funzioni; fu dato una guardia alla sua persona, alla regina, e al delfino. Questa guardia era responsabile di essi. Tre deputati, d'André, Trouchet, Durjort, furono destinati a ricevere le dichiarazioni del re, e della regina. La massima riservatezza fu osservata nelle espressioni, perchè l'assemblea non mancò giammai alle convenienze; ma il fatto era evidente, e il re era provvisoriamente degradato dal soglio.

La responsabilità imposta alla guardia nazionale, la fece severa, e sovente importuna nel servizio appresso delle persone reali. Le sentinelle vegliavano continuamente alla porta, e non le perdevano mai di vista. Il re, volendo un giorno provare, se veramente era prigioniero, si presentò a una porta; la sentinella s'oppose al suo passaggio: – Mi riconoscete? gli disse Luigi XVI. – Sire, sì, rispose la sentinella. – Il re non poteva altro, che passeggiare il mattino nelle Tuilieries, avanti che il giardino fosse aperto al pubblico.

Barnave e i Lameth fecero allora quello, che avevano tanto rimproverato a Mirabeau, porsero soccorso al trono, e se l'intesero colla corte. È vero che non ne riceverono argento; ma essi avevano a Mirabeau rimproverato meno il prezzo dell'alleanza, che l'alleanza medesima; e dopo essere stati altra volta sì severi, subivano al presente la legge comune a tutti capi popolari, che li forza successivamente ad unirsi all'autorità, a misura che vi raggiungono. Nondimeno, nulla di più lodevole nella sorte presente delle cose, che il servigio reso al re da Barnave, e dai Lameth, e mai ei non mostrarono maggior destrezza, forza, ed ingegno. Barnave dettò al re la risposta ai commissari nominati dall'assemblea. In questa risposta Luigi XVI dava per causa della sua fuga, il desiderio di conoscere meglio l'opinione pubblica; egli asseriva d'averla meglio studiata nel suo viaggio, e provava con

---

[8] Adunanza del sabato 25 di giugno.

tutti i fatti che non aveva voluto escir di Francia. Intorno alle proteste contenute nella memoria rimessa all'assemblea, egli diceva a ragione, che vertevano non su i principii fondamentali della costituzione, ma su i mezzi di esecuzione che gli erano rilasciati. Presentemente, aggiungeva, che la volontà generale gli era manifesta, non esitava a sottomettervisi ed a fare tutti i sacrifizi necessari al bene di tutti.[9]

Bouillé, per attrarre sulla sua persona lo sdegno dell'assemblea, le mandò una lettera, che potrebbe dirsi insensata senza la cagione generosa che la mosse. Egli si confessava come il solo autore del viaggio del re, mentre al contrario vi s'era opposto; dichiarava in nome delle potenze, che Parigi risponderebbe della salute della famiglia reale, e che il menomo male commesso verso di lei, sarebbe vendicato in una maniera esemplare. Aggiungeva, ciò che sapeva non esser vero, che le forze militari della Francia erano nulle; che egli conosceva d'altronde le vie dell'invasione, e che guiderebbe egli stesso gli eserciti nemici in seno della sua patria. L'assemblea prestossi ella pure a questa generosa bravata, e gettò tutto addosso a Bouillé, che non aveva nulla a temere, perchè era già in paese straniero.

La corte di Spagna, per timore che qualunque minaccia irritasse gli animi, ed esponesse la famiglia reale a più gravi pericoli, impedì un tentativo preparato sulla frontiera del Mezzogiorno, al quale i cavalieri di Malta dovevano concorrere con due fregate. Ella dichiarò quindi al governo francese, che le sue buone intenzioni verso di lui non eran cangiate. Il Settentrione si condusse con molto minore riguardo. Da questa banda le potenze, istigate dagli emigrati, erano minacciose. Furono spediti de' messi dal re a Bruselle, e a Coblenza. Dovevano cercare d'intendersela cogli emigrati, far loro conoscere le buone intenzioni dell'assemblea, e la speranza concetta d'un accomodamento vantaggioso. Ma appena giunti, essi furono indegnamente trattati, e ritornarono subito

[9] Vedi la nota 7 alla fine del volume.

a Parigi. Gli emigrati levarono corpi d'armati a nome del re, e l'astrinsero così a dar loro una mentita formale. Pretendevano che Monsignore, allora riunito ad essi, fosse reggente del regno; che il re, come prigioniero, non avesse più volontà propia; e che quella che esprimeva, fosse quella de' suoi oppressori. La pace di Caterina coi Turchi, che fu conclusa nel mese d'agosto, eccitò maggiormente la loro pazza gioia, e si crederono d'avere a loro disposizione tutte le potenze dell'Europa. A considerare il disarmo delle piazze forti, il disordine dell'esercito disertato da tutti gli ufiziali, non potevano sospettare che l'invasione non seguisse imminentemente, e non succedesse. E tutta volta eran quasi due anni, che avevano abbandonato la Francia, e, ad onta delle loro belle promesse, fatte tutti i giorni, non erano ancora tornati vincitori come si lusingavano! Le potenze sembravano molto promettere, ma Pitt aspettava; Leopoldo, esausto dalla guerra, e scontento degli emigrati, bramava la pace; il re di Prussia prometteva molto, e non aveva nissun interesse di mantenere; Gustavo era bramoso di comandare un esercito contro la Francia, ma si trovava molto lontano; e Caterina che doveva secondarlo, liberata appena da' Turchi, aveva ancora da comprimere la Polonia. D'altronde, per eseguire questa lega, bisognava accordare tanti interessi, che non potevasi quasi sperare di riuscirvi.

La dichiarazione di Pilnitz avrebbe dovuto specialmente illuminare i fuorusciti sullo zelo de' principi.[10] Questa dichiarazione fatta in comune dal re di Prussia e dall'imperatore Leopoldo, diceva che la situazione del re di Francia interessava in comune tutti i sovrani, e che senza dubbio unirebbonsi per fornire a Luigi XVI i mezzi di stabilire un governo, conveniente agli interessi del trono e del popolo; che in questo caso il re di Prussia e l'imperatore si riunirebbono agli altri principi, per giungere al medesimo fine. Intanto le loro milizie dovevano esser messe in grado d'agire. Dipoi si è saputo, che questa

---

[10] Essa è del 27 agosto.

dichiarazione conteneva degli articoli segreti. Essi dichiaravano, che l'Austria non frapporrebbe verun ostacolo alle pretensioni della Prussia sovra una parte della Polonia. Tanto ci voleva per indurre la Prussia a trascurare i suoi più antichi interessi, collegandosi coll'Austria contro la Francia. Che si poteva mai aspettare da uno zelo, che aveva bisogno d'essere incitato con simili mezzi? E se era così riservato nelle sue espressioni, che doveva esser egli nei fatti? La Francia, è vero, era disarmata; ma un popolo tutto in piè, è presto armato: e come disse più tardi il celebre Carnot, che vi è mai d'impossibile con venti cinque milioni d'uomini? Veramente gli ufiziali si ritiravano; ma, giovani le maggior parte, e graduati per favore, erano senza esperienza e dispiacevano all'esercito. Inoltre, il movimento dato a tutte le cose, era per produrre sollecitamente ufiziali e duci. Per altro bisogna convenire, che potevasi anche senza la presunzione di Coblenza, dubitare della resistenza che più tardi la Francia oppose all'invasione.

Frattanto l'assemblea mandò de' commissari su i confini, e ordinò grandi apparecchi. Tutte le guardie nazionali chiedevano di marciare; molti capitani offerivano i lor servigi, e fra gli altri Dumouriez, che più tardi salvò la Francia nelle strette dell'Argonna.

Anche nel mentre che porgeva le sue cure alla sicurezza esterna dello stato, l'assemblea sollecitavasi di fornire l'opra della costituzione, di rendere al re le sue funzioni, e, se fosse possibile, alcuna delle sue prerogative.

Tutte le porzioni del lato sinistro, fuori di coloro che avevan preso il nome novello di repubblicani, s'erano ristrette al medesimo sistema di moderazione. Barnave, e Malouef, andavan d'accordo ed operavano di concerto. Pétion, Robespierre, Buzot, ed anche alcuni altri, avevano abbracciato la repubblica; ma erano in piccol numero. Il lato destro seguitava le sue imprudenze, e protestava invece d'unirsi alla pluralità de' moderati. Questa pluralità dominava nondimeno l'assemblea. I suoi nemici, che l'avrebbero accusata se ella avesse deposto il re, le hanno nondimeno rimproverato d'averlo ricondotto a Parigi, e ricollocato sovra un trono vacillante. Ma che poteva ella fare? Cangiare il re colla repubblica, era troppo ardimento. Mutare la dinastia era inutile, perchè, volendo un re, poteva tener quello che v'era; di più, il duca d'Orléans non meritava d'esser preferito a Luigi XVI. In ambedue i casi, il dispogliare il presente re, era un mancare a dei diritti riconosciuti, e mandare all'emigrazione un capo per lei prezioso, perchè le avrebbe portato dei titoli che non avea. Al contrario, il rendere a Luigi XVI la sua potestà, restituirgli più prerogative che si potesse, era un adempiere il dovere costituzionale, e togliere qualunque pretesto alla guerra civile; in breve, era un fare il suo dovere; perchè il dovere dell'assemblea, secondo tutti gl'impegni presi, era di stabilire un governo libero, ma monarchico.

L'assemblea non esitò, ma ebbe grandi ostacoli a vincere. Il motto novello di repubblica, aveva spronato le menti, già un poco nojate di quello di monarchia, e di costituzione. L'assenza, e la sospensione del re, avevano, come si è visto, insegnato a far senza di lui. I giornali, e l'assemblee popolari, dispogliaronsi prestamente del rispetto, onde era stata sempre segno la sua persona. La sua partenza, che ai termini del decreto di residenza de' pubblici funzionari, rendeva immanente la caducità, fece dire che era decaduto. Per altro, secondo questo decreto medesimo, ci voleva, per la caducità, l'uscita del regno, e la resistenza alle intimazioni del corpo legislativo; ma queste condizioni poco importavano agli spiriti ardenti, e dichiaravano il re colpevole, e renunziante. I Giacomini, i Cordiglieri,[11] s'agitavano violentemente,

---

[11] Cordiglieri vale Francescani. Questi frati furon così chiamati in Francia, dal cordiglio con cui si cingono. L'assemblea de' Cordiglieri, o Francescani, prese il nome dal convento ove s'adunava, nel modo stesso osato dai Giacomini o Domenicani, e da' Foglianti, o Bernardini. L'Ordine di questi prese tal nome in Francia da Fogliante, villaggio di Linguadoca, ove era la sua principale Abazia. T.

e non potevan capire come dopo essersi liberati da un re, si potesse imporselo novellamente, e spontaneamente. Se il duca d'Orléans avesse avuto delle speranze, era quello il tempo che potevano risvegliarsi. Ma potè vedere quanto il suo nome poco valesse, e specialmente quanto un nuovo sovrano, comunque fosse popolare, convenisse poco alla condizione degli animi. Alcuni libellisti a lui devoti, forse lui non consapevole, tentarono, come fece Antonio per Cesare, di por la corona sulla sua testa; proposero di dargli la reggenza, ma ci si vide ridotto a rigettarla per una dichiarazione, che fu parimente poco considerata come la sua persona. *Non più re*, era il grido generale ai Domenicani, ai Francescani, nei luoghi e nei fogli pubblici.

Gl'indrizzi si moltiplicavano: ve ne fu uno attaccato su tutti i muri di Parigi, e fino su' muri dell'assemblea. Era vergato del nome d'Achille Duchâtelet, giovine colonnello. Egli s'indirizzava ai Francesi; faceva loro rimembrare la calma, onde erasi goduto, nel tempo del viaggio del re, e concludeva, che l'assenza del principe giovava più che la sua presenza; aggiungeva che la sua diserzione, era una renunzia; che la nazione, e Luigi XVI, erano disciolti da ogni legame l'uno verso dell'altro; che infine la storia era piena dei delitti dei re, e che bisognava renunziare a volerne più.

Questo indrizzo, attribuito al giovine Achille Duchâtelet, era di Tommaso Payne, Inglese, attore principale nella rivoluzione americana. Esso fu denunziato all'assemblea, che dopo vive dispute, pensò che fosse meglio passar oltre, e rispondere coll'indifferenza agli avvisi e all'ingiurie, come avea fatto sempre.

Finalmente i commissari incaricati di fare la loro relazione sull'affare di Varennes, la presentarono il 16 luglio. Il viaggio, dissero, non avere nulla di colpevole; inoltre quando il fosse, il re essere inviolabile. Finalmente la caducità non poter derivarne, perchè il re non era rimasto lunga pezza lontano, e non aveva resistito alle intimazioni del corpo legislativo.

Robespierre, Buzot, Pétion, ripeterono tutti gli argomenti conosciuti contro l'inviolabilità. Duport, Barnave, e Salles, risposero loro, e alla fine fu decretato che il re non potesse esser messo in accusa sul fatto della sua fuga. Due articoli solamente furono aggiunti al decreto d'inviolabilità. Appena fu presa questa decisione, Robespierre s'alzò, e protestò altamente in nome dell'umanità.

La sera avanti di questa decisione vi fu ai Domenicani un grave tumulto. Fu compilata una domanda diretta all'assemblea, per che dichiarasse il re decaduto come perfido e traditore de' suoi giuramenti, e perchè provvedesse al suo cambio, con tutti i mezzi costituzionali. Fu risoluto che questa domanda fosse portata il giorno dopo al Campo di Marte, ove ognuno la potesse firmare sull'altare della patria. Il giorno dopo infatti, fu portata al luogo indicato, e alla folla de' sediziosi, s'aggiunse quella dei curiosi, che volevano essere testimoni del fatto. Il quel momento, il decreto era risoluto, e non v'era più tempo ad alcuna domanda. Giunse Lafayette, ruppe le barricate già innalzate, fu minacciato, e ricevè anche un colpo di fuoco, che quantunque scaricato a giusto tiro non lo colse. Gli ufiziali municipali essendosi uniti a lui, ottennero finalmente dalla moltitudine che si ritirasse. Delle guardie nazionali furono collocate per invigilare alla sua ritirata, e per un momento sperossi che si dissipasse: ma ben tosto il tumulto ricominciò. Due invalidi, che si trovavano, non si sa come, sotto l'altare della patria, furono trucidati, ed allora il disordine non conobbe confini. L'assemblea fece appellare il municipio, e incaricollo d'invigilare all'ordine pubblico. Bailly andò al Campo di Marte, e fece spiegare la bandiera rossa in virtù della legge marziale. L'uso della forza, che che ne sia stato detto, era giusto. Si volevano, o non si volevano le nuove leggi; se si volevano, bisognava eseguirle, bisognava che vi fosse qualche cosa di fisso, che la sollevazione non fosse perpetua, e che la volontà dell'assemblea non potesse essere riformata dai plebisciti della moltitudine. Bailly doveva dunque fare eseguire la legge.

Egli avanzossi con quel coraggio impassibile che aveva sempre mostrato, ricevè senz'esser colto molti colpi di fuoco, ed in mezzo al tumulto non potè fare tutte le intimazioni dovute. Lafayette ordinò prima di tirare alcuni colpi in aria; la folla abbandonò l'altare della patria, ma raunossi ben tosto. Ridotto all'estremo, egli ordinò il fuoco. La prima scarica atterrò alcuni faziosi. Il numero fu esagerato. Alcuni l'hanno ridotto a trenta, altri l'hanno esteso a quattro cento, ed i furiosi a delle migliaia. Questi ultimi furon creduti nel primo momento, ed il terrore fu generale. Tale esempio severo frenò per qualche tempo gli agitatori.[12] Secondo l'uso, furono accusati tutti i partiti d' aver eccitato questo movimento, ed è probabile che molti vi abbiamo contribuito, perchè il disordine conveniva a molti. Il re, la pluralità dell'assemblea, la guardia nazionale, le autorità municipali, e dipartimentali, erano allora d'accordo per stabilire l'ordine costituzionale; ed avevano a combattere la democrazia di dentro, e l'aristocrazia di fuori. L'assemblea e la guardia nazionale componevano quella nazione media illuminata e saggia, che voleva l'ordine e leggi; e dovevano in questi momenti ristringersi naturalmente al re, che per sua parte sembrava rassegnarsi ad una autorità limitata. Ma se a loro conveniva d'arrestarsi al punto ove erano arrivate, ciò non conveniva all'aristocrazia che bramava uno sconvolgimento, nè al popolo che bramava acquistare e inalzarsi di più. Barnave, com'altra volta Mirabeau, era l'oratore di questa cittadinanza savia e moderata; Lafayette n'era il capo militare. Danton, Camillo Desmoulins erano gli oratori, e Santerre il duce di quella moltitudine, che voleva parimente regnare. Alcuni spiriti ardenti o fanatici, la rappresentavano e all'assemblea e nelle nuove amministrazioni, e n'affrettavano l'impero colle loro declamazioni.

L'impresa del Campo di Marte fu molto rimproverata a Lafayette,

---

[12] Questo fatto seguì la sera di domenica 17 luglio.

e a Bailly. Ma ambedue, ponendo il loro dovere nell'osservazione della legge, cimentando la popolarità e la vita alla sua esecuzione, non ebbero alcun rammarico, alcun timore di quello aveano fatto. La risolutezza che mostrarono raffrenò i faziosi. I più conosciuti pensavano già a sottrarsi ai colpi che credevano diretti contro di loro. Robespierre, che si è visto fin'ora sostenitore delle proposizioni più esagerate, tremava nella sua oscura dimora; e ad onta della sua inviolabilità di deputato, domandava asilo a tutti gli amici. Così l'esempio produsse l'effetto, e per un istante tutte le fantasie turbolente furono frenate dal timore.

L'assemblea prese in quest'epoca una risoluzione, che è stata di poi biasimata, e le cui conseguenze non sono state tanto funeste come si è pensato. Ella decretò, che nissuno dei suoi membri potesse essere rieletto. Robespierre fu l'autore della proposizione, e fu attribuita in lui ad invidia provata contro dei colleghi tra quali non aveva brillato. Era almen naturale che egli ne sentisse, avendo sempre pugnato contro di loro, e nei suoi sentimenti egli potea avere insieme della persuasione, dell'invidia, e dell'odio. L'assemblea, che era accusata di voler perpetuare i suoi poteri, e che già spiaceva alla moltitudine per la sua moderazione, affrettossi di rispondere a tutti gli attacchi con un disinteresse forse esagerato, decidendo che i suoi membri fossero esclusi dalla prossima legislatura. Onde la nuova assemblea si trovò priva d'uomini, la cui ardenza erasi un poco mitigata, e la scienza legislativa maturata nell'esperienza di tre anni. Nondimeno, vedendo più tardi la causa delle rivoluzioni che seguitarono, si giudicherà meglio quale abbia potuto essere l'importanza di questa risoluzione, tanto sovente biasimata.

Era il momento di fornire i lavori costituzionali, e di compiere nella calma un sì procelloso tragitto. I membri del lato sinistro avevano l'intenzione d'accordarsi per correggere alcune parti della costituzione. Era stato risoluto di leggerla tutta intiera per giudicarne il tutto, e mettere in armonia le sue diverse parti; cosa che fu detta la revisione, e che più tardi, nei giorni del fervore repubblicano, fu riguardata come provvisione calamitosa. Barnave e i Lameth s'erano intesi con Malouet per riformare alcuni articoli, che portavano lesione alla prerogativa reale, e a quella che chiamavasi stabilità del trono. Fu pur detto che avesser il disegno di ristabilire le due camere. Era convenuto, che all'istante in cui fosse finita la lettura, Malouet facesse l'attacco; Barnave quindi gli rispondesse veementemente, per meglio coprire le sue intenzioni; ma difendendo la maggior parte degli articoli, ne abbandonasse alcuni come evidentemente pericolosi, e riprovati da una esperienza manifesta. Tali erano le condizioni stabilite, allorchè si seppero le ridicole e fatali proteste del lato destro, che avea risoluto di non più votare. Allora non fu più possibile alcun accomodamento. Il lato sinistro non volle udir più nulla; e quando il tentativo concertato seguì, le grida che s'elevarono da tutte le bande, impedirono Malouet ed i suoi di continuare.[13] La costituzione fu dunque fornita con qualche fretta, e presentata al re perchè l'accettasse. In quel momento gli fu reso la libertà, o, se vuolsi, fu tolta la guardia severa del castello, ed ebbe la facoltà di ritirarsi dove gli piacesse per esaminare l'atto costituzionale, ed accettarlo liberamente. Che poteva fare allora Luigi XVI? Rifiutare la costituzione, sarebbe stato renunziare a favore della repubblica. La cosa più sicura, anche secondo il suo sistema, era d'accettare, e aspettare dal tempo le restituzioni d'autorità, che credeva essere a lui dovute. Perciò, dopo un certo numero di giorni, dichiarò che accettava la costituzione (13 settembre). Una straordinaria allegrezza manifestossi a questa novella, quasi che effettivamente si fosse temuto qualche ostacolo da parte del re, quasi che il suo consenso fosse stata una concessione insperata. Andò all'assemblea, ove fu accolto come nei giorni più belli. Lafayette, che

[13] Vedi la nota 8 alla fine del volume.

mai non obliava di riparare i mali inevitabili delle turbolenze politiche, propose un perdono generale per tutti i fatti riguardanti la rivoluzione. Questo perdono fu proclamato in mezzo alle grida di gioia, e le carceri furon subito aperte. Finalmente, il 30 settembre, Thouret, ultimo presidente, dichiarò che l'assemblea costituente aveva finito le sue adunanze.

CAPITOLO TERZO

Giudizio sull'assemblea costituente. – Apertura della seconda assemblea nazionale, detta *assemblea legislativa*; sua composizione. – Stato delle assemblee popolari; loro membri potenti. – Pétion, gonfaloniere di Parigi. – Politica delle potenze. – Emigrazione; decreti contro gli emigrati, e contro i preti non giurati. – Mutazioni di ministri. – Apparati di guerra; stato degli eserciti.

L'assemblea costituente aveva finito il suo lungo e travaglioso corso; e ad onta del suo nobil coraggio, della perfetta equità, dell'immense fatiche, ella era odiata come rivoluzionaria a Coblenza, e come aristocratica a Parigi. Per ben giudicare quest'assemblea memorabile, in cui la riunione de' lumi fu sì grande e sì varia, le risoluzioni sì ardite e perseveranti, ed in cui forse per la prima volta, si videro tutti gli uomini illuminati d'una nazione, riuniti colla volontà e col potere di compiere i voti della filosofia, è mestieri considerare lo stato, nel quale aveva trovato la Francia, e lo stato in cui la lasciò.

Nel 1789 la nazione francese sentiva e conosceva tutti i suoi mali, ma non concepiva la possibilità di guarirli. Ad un tratto sulla domanda improvvisa de' parlamenti, son convocati gli stati generali; l'assemblea costituente si forma, e giunge innanzi ad un trono, orgoglioso della sua antica potenza, ed inclinato al più a tollerare alcuni lamenti. Allora ella s'arma de' suoi diritti, rimembra che è la nazione, e ardisce dichiararlo al governo stupito. Minacciata dall'aristocrazia, dalla corte, e da un esercito, senza ancor prevedere le popolari sollevazioni, si dichiara inviolabile, e vieta all'autorità di toccarla; persuasa dei suoi diritti, ella si rivolge a nemici che non son persuasi de' loro, e sovrasta per la sola espressione della volontà, ad una potenza di molti secoli, e ad un esercito di trenta mila uomini. Quella fu tutta la rivoluzione; quello fu il primo atto, ed il più nobile; fu giusto, fu eroico, perchè niuna nazione giammai non agì con maggior diritto, e pericolo.

Vinta l'autorità, era d'uopo ricostituirla in un modo giusto, e ragionevole. Ma all'aspetto di questa ruota sociale, di cima alla quale tutto soverchia, potenza, onori, fortuna, mentre in fondo tutto manca fino il pane necessario alla vita, l'assemblea costituente provò ne' suoi pensieri un violento ricatto, e volle tutto pareggiare. Ella dunque decise, che il corpo de' cittadini pienamente eguagliato, dovesse esprimere le sue volontà, e che il re restasse solo incaricato della loro esecuzione.

In questo il suo fallo non fu d'avere ridotto la monarchia ad un semplice magistrato; perchè il re aveva ancora assai autorità per mantenere le leggi, e più che non ne hanno i magistrati nelle repubbliche; ma d'aver creduto che un re, colla rimembranza di quello che era stato, potesse rassegnarsi; e che un popolo, che appena si risvegliava e ricuperava una parte del pubblico potere, non volesse racquistarlo tutto intiero. La storia mostra infatti, che bisogna infinitamente dividere i magistrati; o che, se si stabilisce un capo solo, bisogna dotarlo sì bene, che non abbia voglia d'usurpare.

Quando i popoli occupati quasi esclusivamente de' loro interessi privati, sentono il bisogno di disgravarsi sovra d'un capo delle cure del governo, fanno bene a farselo; ma allora bisogna che questo capo, pari ai re d'Inghilterra, potendo convocare e disciogliere i consigli nazionali, non avendo obbligo d'accogliere le loro volontà, non approvandole che allorchè gli convengono, e soltanto impedito di far troppo male, abbia veramente la maggior parte della sovranità. La dignità d'uomo può ancora conservarsi sotto un tale governo, quando la legge è rigorosamente osservata, quando ogni cittadino sente tutto quello che vale, e sa che quei poteri sì grandi lasciati al principe, non gli sono stati lasciati, che come un sacrifizio all'umana fragilità.

Ma, al momento che un popolo viene a riconoscere subitamente i suoi diritti, non può consentire a prendere un posto secondario, e a rimettere spontaneamente l'onnipotenza in un capo, perchè non gli venga la voglia d'usurparla. L'assemblea costituente non era più capace della nazione a fare una tale renunzia. Ella dunque ridusse la monarchia ad un semplice magistrato ereditario, sperando che il re si contentassse di questo magistrato, tutto luminoso ancora d'onori, di ricchezze, e di potenza; e che il popolo glie lo lasciasse.

Ma l'assemblea, sperandolo o nò, poteva ella nel dubbio decidere la questione? poteva ella distruggere il re, o dargli tutta la potenza che l'Inghilterra concede a' suoi monarchi?

Primieramente ella non poteva deporre Luigi XVI; perchè se è sempre permesso di introdur la giustizia in un governo, non è di cangiarne la forma quando la giustizia vi si ritrova, e di convertire ad un tratto una monarchia in una repubblica. Di più il possesso è rispettabile; e se l'assemblea avesse spogliato la dinastia, che non avrebber detto i suoi nemici, che l'accusavano di violare le propietà perchè distruggeva i diritti feudali?

D'altra parte, ella non poteva concedere al re il divieto assoluto, la nomina dei giudici, ed altre somiglianti prerogative, perchè l'opinione pubblica vi s'opponeva, e questa opinione essendo la sua unica forza, ella era obbligata a sottomettervisi.

Intorno allo stabilimento d'una camera sola, il suo fallo è stato forse più vero, ma parimente inevitabile. Se v'era pericolo a non lasciare, che il ricordo dell'autorità ad un re, che l'aveva avuta tutta intiera, ed in cospetto d'un popolo che voleva invaderne fino all'ultima parte, era molto più fallace in principio di non riconoscere le disuguaglianze e le gradazioni sociali, quando le repubbliche stesse le ammettono, e che presso tutte si trova un senato o ereditario o elettivo. Ma non bisogna pretendere dagli uomini e dalle menti, che ciò che possono ad ogni epoca. Come riconoscere, in mezzo ad una ribellione contro l'ingiustizia dei gradi, la loro necessità? Come costituire l'aristocrazia al momento della guerra contro l'aristocrazia? Sarebbe stato più facile di costituire la monarchia, perchè situata lontano dal popolo, era stata meno oppressiva, ed inoltre perchè ella compie delle funzioni che sembrano più necessarie.

Ma, il ripeto, se questi errori non avessero dominato l'assemblea, erano essi nella nazione, e il seguito degli avvenimenti dimostrerà, che quando si fosser lasciati al re e all'aristocrazia tutti i poteri che gli furon tolti, la rivoluzione sarebbe egualmente seguita fino nei suoi ultimi eccessi.

Per persuadersene, giova distinguere le rivoluzioni che scoppiano tra i popoli lungamente soggetti, e quelle che nascono tra i popoli liberi, cioè in possesso d'una certa azione politica. A Roma, a Atene, e altrove, si vedevano i popoli e i loro capi disputare una maggiore o minore autorità. Tra i popoli moderni, interamente spogliati, il fatto è differente. Completamente servi, dormono lungamente. Il risveglio accade da prima nelle classi più illuminate, che si sollevano e ricuperano una parte d'autorità. Il risveglio seguita, l'ambizione parimente, e invade fino l'ultime classi, e così tutta la massa della nazione si trova in movimento. Bentosto le classi illuminate, contente di quello che hanno ottenuto, vorrebbero arrestarsi, ma nol possono, e sono continuamente incalzate da quelle che le seguitano. Quelle che s'arrestano, quand'anche fossero le penultime, sono per l'ultime una aristocrazia, ed in questa guerra di classi che si scagliano le une addosso dell'altre, il semplice cittadino finisce per esser chiamato aristocratico dal manifattore, e come tale perseguitato.

L'assemblea costituente ci rappresenta la generazione che s'illumina e reclama la prima contro l'autorità ancora onnipossente. Assai saggia per vedere quello che è dovuto a coloro che avevan tutto, e a coloro che non avean nulla, ella vuol lasciare ai primi una parte di quello che possedevano, perche l'hanno sempre posseduto, e procurare massimamente ai secondi i lumi e i diritti che con essi s'acquistano. Ma il rammarico sta presso degli uni, l'ambizione presso degli altri; il rammarico vuol tutto ricuperare, l'ambizione vuol tutto acquistare, ed una guerra di sterminazione s'accende. I costituenti son dunque quei primi uomini dabbene, i quali scuotendo la schiavitù, tentano un ordine giusto, lo provano senza spavento, compiono anzi quest'immensa fatica, ma soccombono per voler tirar uni a cedere qualche cosa, gli altri a non desiderar tutto.

L'assemblea costituente, nella sua equa distribuzione, aveva usato riguardo agli antichi possessori. Luigi XVI, col titolo di re dei Francesi, trenta milioni di provvisione, il comando dell'esercito, e il diritto di sospendere le volontà nazionali, aveva ancora di molte belle prerogative. La sola memoria del potere assoluto, può scusarlo di non essersi rassegnato a quest'avanzo di luminoso di potenza.

Il clero, spogliato d'immensi beni che aveva già ricevuto a patto di soccorrere i poveri, che non soccorreva, di mantenere il culto, di cui lasciava la cura ai parrochi indigenti, non era più un ordine politico; ma le sue dignità ecclesiastiche erano conservate, i dommi rispettati, le scandalose ricchezze cambiate in una rendita sufficiente, e si può anche dire abbondante, perchè comportava ancora molto lusso episcopale. La nobiltà non era più un ordine, non aveva più diritto esclusivo di caccia e altri simili; non era più esente dalle imposizioni, ma poteva ella fare oggetto ragionevole di rammarico di queste cose? I suoi immensi domini le rimanevano. Invece del favor di corte, aveva la certezza delle ricompense, concesse alla virtù. Aveva la facoltà d'essere eletta dal popolo, e di rappresentarlo nel governo, per poco che avesse voluto mostrarsi benevola, o rassegnata. La toga e la spada erano premio a' suoi lumi; e perchè una generosa emulazione non veniva ella ad un tratto ad accenderla? Qual confessione d'incapacità non faceva, sospirando i favori del tempo perduto?

Gli antichi pensionati erano stati trattati con moderazione, gli ecclesiastici erano stati compensati, ognuno trattato con riguardo; la sorte fatta a tutti dall'assemblea costituente, era ella dunque tanto insopportabile? La costituzione essendo finita, non restava al re alcuna speranza di recuperare per deliberazioni le prerogative onde si condoleva. Non gli restava a fare che una cosa sola, rassegnarsi, ed osservare la costituzione, a meno che non contasse sulle potenze straniere; ma egli sperava poco dal loro zelo, e diffidava dell'emigrazione. Si decise dunque per lo primo partito, e quello che mostra la sua sincerità, è che egli voleva esprimere francamente all'assemblea i difetti che giudicava alla costituzione. Ma fu dissuaso, e si risolse ad aspettare dal tempo le restituzioni d'autorità, che credeva essere a lui dovute. La regina non era meno rassegnata. «Coraggio, diss'ella al ministro Bertrand, che presentossi a lei, tutto non è perduto. Il re vuole stare alla costituzione, questo sistema è certamente il migliore.» Ed è lecito il credere che se avesse avuto da esprimere altri pensieri, non avrebbe esitato in presenza di Bertrand de Molleville.[1]

L'antica assemblea s'era separata; i suoi membri, tornati in seno delle famiglie, o sparsi per Parigi. Alcuni de' più notabili, come Lameth, Duport, e Barnave, comunicavano colla corte, e le porgevano i loro consigli. Ma il re, benchè deciso ad osservare la costituzione, non sapeva ridursi a seguire gli avvisi che riceveva, poichè, non solo raccomandavasi a lui di non violare la costituzione, ma di far credere con tutti i suoi atti che le fosse sinceramente devoto. Questi membri dell'antica assemblea, dopo la revisione riuniti a Lafayette, erano i capi di quella generazione rivoluzionaria, la quale aveva dato le prime norme di libertà, e voleva fermarvisi. Erano sostenuti dalla guardia nazionale, che i lunghi servigi, sotto di Lafayette avevano affezionata a questo duce, ed alle sue massime. I costituenti allora ebbero un torto, quello di sdegnare l'assemblea novella, e sovente d'ir-

---

[1] Vedi la nota 9 alla fine del volume.

ritarla col loro disprezzo. Una specie di vanità aristocratica s'era impadronita di questi primi legislatori, e parea che tutta la scienza legislativa fosse con essi scomparsa.

La nuova assemblea era composta di diverse classi d'uomini. V'erano de' fautori illuminati della prima rivoluzione; Ramond, Girardin, Vaublanc, Dumas, ed altri, che si chiamarono i costituzionali, ed occuparono il lato destro, ove non trovossi più nemmen uno degli antichi privilegiati. Così per l'andamento naturale e progressivo della rivoluzione, il lato sinistro della prima assemblea divenne il lato destro della seconda. Dopo i costituzionali si trovavano molti uomini distinti, a cui la rivoluzione aveva infiammato la mente, ed esagerato i desideri. Testimoni dei lavori della costituente, e impazienti come coloro che stanno a vedere, giudicavano che non fosse ancor fatto assai; non osavano dichiararsi repubblicani, perchè da tutte le parti raccomandavasi fedeltà alla costituzione; ma la prova della repubblica, fatta nel viaggio di Luigi XVI, e le intenzioni sospette della corte, volgevano continuamente i loro intelletti a questo pensiero, e lo stato di continua ostilità, in cui si trovavano rimpetto al governo, doveva ogni giorno maggiormente inchinarveli.

In questa nuova generazione d'ingegni si notavano massimamente i deputati della Gironda, dai quali tutta la parte, quantunque formata d'uomini di tutti i dipartimenti, si chiamò *Girondina*. Condorcet, uomo di gran vastità d'idee, d'estremo rigore di mente e di carattere, era il loro scrittore; e Vergniaud, improvvisatore puro e veemente, il loro oratore. Questa parte, continuamente ingrossata da tutti coloro che diperavano della corte, non voleva la repubblica che le toccò nel 1793; la imaginava con tutti i suoi prestigi, colle virtù, coi costumi severi. L'entusiasmo e la veemenza, erano i suoi principali caratteri.

Doveva avere anche le sue estremità: queste erano Bazire, Chabot, Merlin de Thionville, ed altri; inferiori d'ingegno, superavano gli altri Girondini per l'audacia; fecero la parte della Montagna, allorchè dopo la distruzione del trono si separarono dalla Gironda. La seconda assemblea finalmente, aveva come la prima, un corpo medio, il quale senza preventiva opinione, votava ora cogli uni ora cogli altri. Sotto la costituente, quando regnava ancora una vera libertà, questo corpo era rimasto indipendente; ma come egli non era tale per la forza, ma per l'indifferenza, nelle successive assemblee ove regnò la violenza, divenne vile e spregievole, e ricevè il nome triviale e vergognoso di *ventre*.

L'assemblee popolari acquistarono a quest'epoca maggiore importanza. Agitatrici sotto la costituente, divennero dominatrici sotto la legislativa. L'assemblea nazionale non potendo capire tutte le ambizioni, elle si rifuggirono nelle assemblee popolari, ove trovavano una tribuna, e delle tempeste. Là riducevansi tutti coloro, che volevan parlare, agitarsi, commuoversi, cioè quasi tutta la nazione. Il popolo accorreva a questo nuovo spettacolo, occupava le tribune di tutte le assemblee, e vi trovava fin d'ora un impiego lucroso, perchè si cominciavano a pagare gli applausi. Il medesimo ministro Bertrand confessa d'averli pagati.

La più antica dell'assemblee popolari, quella dei Domenicani, aveva già una potenza straordinaria. Una chiesa appena bastava alla folla dei suoi membri, e dei suoi uditori. Un immenso anfiteatro s'elevava in forma di circo, ed occupava tutta la navata maggiore della chiesa dei Domenicani. Il banco era nel centro; il presidente e i segretari l'occupavano. Si raccoglievan le voci; le deliberazioni si conservavano sopra un registro. Un'attiva corrispondenza alimentava lo zelo delle società diffuse su tutta la superficie della Francia, chiamate società affiliate. Quest'assemblea, per la sua antichità e per la violenza continua, aveva costantemente soperchiato tutte quelle, che avean voluto mostrarsi più moderate, o anche più veementi. I Lameth e tutti gli uomini distinti che contenea, l'avevano abbandonata dopo il viaggio di Varennes, e s'erano trasferiti ai Bernardini. In questa si trovavano confusi tutti i tentativi d'assemblee moderate, tentativi che non erano mai successi, perchè tendevano contro il bisogno stesso che faceva correre all'assemblee, l'agitazione. Ai Bernardini si riunivano allora i costituzionali, o partigiani della prima rivoluzione. Perciò il nome di Bernardino divenne titolo di proscrizione, quando divenne tale il titolo di moderato.

Un'altra assemblea, quella de' Francescani, avea voluto gareggiare in violenza coi Domenicani. Camillo Desmoulins era il loro scrittore, ed il capo Danton. Questo non avendo potuto riuscire nel foro, s'era fatto adorare dalla moltitudine, che impressionava vivamente colle sue atletiche forme, colla voce sonora, e colle passioni affatto popolari. I Francescani non avevan potuto, nemmeno coll'esagerazione, superare i loro rivali, ai quali abitudine attraeva immensa frequenza; ma essi erano insieme quasi tutti dell'assemblea Giacobina, e quando era d'uopo, vi si rendevano al seguito di Danton per portare la pluralità a suo favore.

Robespierre, che abbiam visto all'assemblea costituente distinguersi colla rigidezza delle sue massime, era escluso dall'assemblea legislativa in virtù del decreto contro la rielezione, che avea egli stesso contribuito a fare approvare. S'erasi ritratto ai Giacobini ove dominava intieramente col domma delle sue opinioni, e colla reputazione d'integrità, che avea a lui fruttato il nome d'incorruttibile. Preso di spavento, come si è visto, al momento della revisione, s'era poscia rassicurato, e proseguiva l'opra della sua popolarità. Robespierre aveva trovato due rivali che cominciava ad odiare, Brissot, e Louvet. Brissot, unito a tutti gli uomini della prima assemblea, amico di Mirabeau e di Lafayette, conosciuto per repubblicano, ed uno de' membri più distinti della legislativa, era di carattere leggiero, ma commendabile per certe qualità di mente. Louvet, con anima ardente, molto ingegno, e grande audacia, era tra coloro, che sorpassata la costituente, imaginavano la repubblica: si trovava perciò naturalmente gettato verso i Girondini. Ben presto le sue contese con Robespierre, ve l'attaccarono più fortemente. Questa parte della Gironda, formata a poco a poco, senza un disegno, da uomini che aveano troppo merito per collegarsi colla moltitudine, assai ornamento per essere invidiati da lei e da' suoi capi, e che erano piuttosto uniti per la loro situazione che per concerto, poteva essere luminosa ma debole, e doveva perire innanzi alle fazioni più vere, che s'inalzavano intorno di lei.

Tal era dunque lo stato della Francia: gli antichi privilegiati s'erano ritirati oltre il Reno; i partigiani della costituzione occupavano la destra dell'assemblea, la guardia nazionale, e l'assemblea de' Bernardini; i Girondini avevano la pluralità nell'assemblea nazionale, ma non nelle assemblee popolari, ove la bassa violenza trionfava; finalmente, gli esagerati di questa nuova epoca, situati su i banchi più alti dell'assemblea, e perciò chiamati *la Montagna*, erano potentissimi nell'assemblee popolari, e nella moltitudine.

Lafayette, avendo deposto il grado militare, era stato seguito nelle sue terre dagli omaggi e dai desideri de' suoi compagni d'arme. Il comando non era stato conferito a nuovo capitano, ma sei capi di legione comandavano alternamente tutta la guardia nazionale. Bailly, fedele alleato di Lafayette in questi tre anni cotanto penosi, lasciò parimente il comune. I voti degli elettori si divisero tra Lafayette, e Pétion; ma la corte che non voleva a nissun patto Lafayette, le cui intenzioni pertanto le erano favorevoli, preferì Pétion quantunque repubblicano. Ella sperò meglio della costui apparente freddezza, che prese per stupidità, ma non era, e molto spese per acquistargli la pluralità. L'ottenne veramente, e fu nominato gonfaloniere.[2] Pétion, di mente illuminata, persuasione fredda ma salda, e di molta destrezza, servì costantemente i repubblicani contro la corte, e trovossi congiun-

2 17 Novembre.

to alla Gironda dalla conformità dei pensieri, e dall'invidia che la sua novella dignità eccitò fra i Giacobini.

Tutta volta, se malgrado di queste inclinazioni di parte, si fosse potuto fidare nel re, è possibile che i sospetti de' Girondini si fosser calmati, e che il pretesto dei tumulti più non essendo, gli agitatori non avessero ormai trovato nissun mezzo di ammutinare la moltitudine.

Le intenzioni del re eran decise; ma per la sua debolezza, non erano mai irrevocabili. Bisognava che egli lo provasse, prima che ci si credesse, e, coll'aspettare la prova, era esposto a più oltraggi. Il suo carattere, quantunque buono, non mancava d'una tal quale disposizione al corruccio; le sue risoluzioni dovevano dunque essere facilmente alterate dai primi falli dell'assemblea. Ella formossi da sè, e prestò giuramento con pompa sul libro della costituzione. Col suo primo decreto, riguardante il cerimoniale, abolì i titoli di *sire*, e di *maestà* dati ordinariamente al re. Ordinò inoltre, che venendo nell'assemblea, assiderebbesi sopra d'un seggio perfettamente uguale a quello del presidente.[3] Questi erano i primi frutti, dello spirito repubblicano; e l'orgoglio di Luigi XVI ne fu crudelmente ferito. Per involarsi a quella ch'ei riguardava come un'umiliazione, risolse di non comparire nell'assemblea, e di mandare i ministri ad aprirà la sessione legislativa. L'assemblea, pentendosi di questa prima ostilità, rivocò il giorno dopo il suo decreto, dando così un raro esempio di mutazione. Il re allora vi andò, e vi fu accolto eccellentemente. Disgraziatamente era stato decretato che i deputati, se il re stesse a sedere, sederebbero parimente; cosa che fecero, e Luigi XVI vi scorse una nuova ingiuria. Gli applausi onde fu ricoperto, non poterono rimarginare la sua ferita, ritornò pallido e con sembiante alterato. Appena si trovò solo colla regina, gittossi sopra una seggiola singhiozzando. «Ah! madama,

---

[3] Decreto del 5 ottobre.

esclamò, voi siete stata presente a tale umiliazione! Come mai! venire
in Francia a vedere...» La regina ingegnossi di consolarlo, ma aveva il
cuore profondamente ferito, e le sue buone intenzioni dovetter sof-
frirne.[4]

Frattanto, se d'allora in poi più non pensò che a ricorrere agli stranieri, le disposizioni dalle potenze doverono porgergli poca speranza.
La dichiarazione di Pilnitz era rimasta senza effetto, o per mancanza
di zelo da parte dei sovrani, o pure a cagione del pericolo che Luigi
XVI avrebbe corso, essendo dopo il ritorno di Varennes, prigione del-
l'assemblea costituente. L'accettazione della costituzione era una
nuova causa d'attendere il frutto dell'esperienza, prima d'agire.
Questa era l'opinione di Leopoldo, e di Kaunitz ministro. Così,
quando Luigi XVI ebbe notificato a tutte le corti che egli accettava la
costituzione, e che sua intenzione era di fedelmente osservarla,
l'Austria diede una risposta assai pacifica; la Prussia e l'Inghilterra
fecer lo stesso, e protestarono intenzioni amichevoli. È da notare, che
i potentati vicini agivano con più riguardo che i potentati lontani,
come la Svezia e la Russia, perchè dessi erano più immediatamente
compromessi per la guerra. Gustavo, che sognava un'impresa luminosa contro la Francia, rispose alla notificazione che non riguardava il re
come libero. La Russia indugiò a rispondere. L'Olanda, i principati
Italiani, ma specialmente la Svizzera, dettero risposte sodisfacienti.
Gli elettori di Treveri, e di Magonza, su' territori de' quali si trovavano
gli emigrati, usarono espressioni evasive. La Spagna, attorniata da
messi di Coblenza, non dichiarossi meglio, e pretese di voler tempo
per assicurarsi della libertà del re; ma nondimeno asserì che non
intendeva di turbare la tranquillità del reame.

Tali risposte, delle quali nissuna era ostile, la neutralità sicura
dell'Inghilterra, l'incertezza di Federigo Guglielmo, le disposizioni

---

[4] Vedi Madama Campan, tomo II, p. 129.

pacifiche e ben note di Leopoldo, tutto faceva sperare la pace. È difficile di sapere quello che volgevasi nell'animo vacillante di Luigi XVI, ma il suo aperto interesse, e i timori medesimi che la guerra più tardi ispirogli, fanno giudicare che desiderasse anche egli la conservazion della pace. In mezzo a quest'accordo generale, i soli emigrati s'ostinavano a voler la guerra, e a prepararla. Concorrevano sempre in folla a Coblenza; vi s'armavano sollecitamente, preparavano magazzini, facevan contratti per le provvisioni, formavano quadri che per verità non si riempievano, perchè nissun di loro voleva fare il soldato; istituivano de' gradi, che si vendevano; e se non tentavano niente di veramente pericoloso, facevano almeno dei grandi apparecchi, che essi medesimi credevano formidabili, e di cui l'immaginazione del popolo si spaventava.

Il gran segreto, era di sapere se Luigi XVI gli favoriva o nò; era difficile credere che non fosse ottimamente inclinato a favore di parenti, e di servidori, che s'armavano per rendergli i suoi antichi poteri. Non ci voleva meno che massima sincerità, e dimostrazioni continue, a persuadere il contrario. Le pistole del re agli emigrati contenevano l'invito, ed anche l'ordine di ritornare; ma dicevasi,[5] che egli teneva una corrispondenza segreta per smentire la corrispondenza pubblica, e distruggerne l'effetto. Non possono di certo negarsi le sue segrete comunicazioni con Coblenza, ma non credo che Luigi XVI se ne servisse per smentire le ingiunzioni che pubblicamente dirigeva agli emigrati. Era per lui interesse evidentissimo, che essi ritornassero. Il loro soggiorno a Coblenza non poteva essere utile, altro che per l'intenzione di combattere, ma Luigi XVI temeva la guerra civile più d'ogni cosa. Non volendo usar delle loro spade sul Reno, era meglio per lui d'averli presso di sè per servirsene al bisogno, e per riunire i loro sforzi a quelli de' costituzionali, onde proteggere la sua persona, ed il

---

[5] Vedi la nota 10 alla fine del volume.

soglio. Di più, il loro soggiorno a Coblenza cagionava delle leggi seve-
re ch'egli non voleva sancire; il rifiuto della sanzione il compromettere coll'assemblea, e vedrassi che l'uso che egli fece del divieto, fu quello che gli disamorò il popolo pienamente, facendo riguardare qual
complice degli emigrati. Sarebbe strano, che e' non avesse veduto la
giustezza di queste ragioni, che tutti i ministri vedevano. Questi con-
cordamente pensavano, che gli emigrati dovesser tornare presso alla
persona del re, per difenderla, per far cessare i timori, e per togliere
tutti i pretesti agli agitatori. Era anche l'opinione di Bertrand de
Molleville, i cui principii erano tutt'altro che costituzionali.
«Bisognava, dic'egli, adoprare tutti i mezzi possibili per accrescere la
popolarità del re. Il più efficace, ed il più utile in questo momento,
era il richiamo degli emigrati. Il loro ritorno, desiderato uni-
versalmente, avrebbe fatto risorgere in Francia la parte regia, che
l'emigrazione aveva interamente dispersa. Questa parte, resa forte dal
discredito dell'assemblea, ed accresciuta dai molti disertori della parte
costituzionale, e da tutti gli scontenti, sarebbesi presto fatta tanta
potente, da decidere in favore del re lo scoppio più o meno o vicino,
che si doveva aspettare.» (*Tomo VI, p. 42.*)

Luigi XVI, aderendo all'avviso dei ministri, indirizzò esortazioni ai
capi principali dell'esercito, e agli ufiziali della marina, per rammen-
tarli il loro dovere, e confermarli al loro posto. Tuttavia le sue esortazioni furono inutili, e la diserzione continuò senza interruzione. Il
ministro della guerra venne ad anunziare, che mille novecento ufiziali avevano disertato. L'assemblea non potè frenarsi, e risolvette di
prendere dei provvedimenti rigorosi. La costituente s'era fermata,
l'ultima volta, a decidere la deposizione de' pubblici ufiziali che erano
fuori del regno, ed a gravare i beni degli emigrati d'una contribuzio-
ne tripla, per risarcire lo stato dei servigi, di cui lo privavano colla loro
assenza. La nuova assemblea propose delle pene più forti.

Furono presentati diversi progetti. Brissot distinse tre classi d'emigrati: i capi della diserzione; i pubblici ufiziali che abbandonavano le loro funzioni; in fine coloro, che per timore avevano fuggito il suolo della patria. Bisogna, diceva, sevire contro i primi, disprezzare e compiangere gli altri.

Certo, la libertà dell'uomo non permette che sia incatenato al suolo; ma quando v'è la certezza, nascente da una folla di circostanze, che i cittadini che abbandonali la patria, vanno a riunirsi di fuori per dichiararle la guerra, è permesso di prendere dei provvedimenti contro disegni tanto pericolosi.

La discussione fu lunga e ostinata. I costituzionali s'opponevano a tutte le risoluzioni proposte, e sostenevano che si dovevan disprezzare gl'inutili tentativi, come avevan fatto i loro predecessori. Tuttavia la parte opposta vinse, e fu fatto un primo decreto, che ingiungeva a Monsignore, fratello del re, di ritornare dentro due mesi, in mancanza di che avrebbe perduto il diritto eventuale alla reggenza. Un altro decreto più severo fu fatto contro gli emigrati in generale; dichiarava che i Francesi radunati fuori dei confini del regno, sarebber sospetti di congiura contro la Francia; che se al primo gennaio prossimo, fossero ancora in stato d'adunamento, sarebbero, dichiarati colpevoli di congiura, perseguiti come tali, e, puniti, di morte; e che le rendite dei contumaci sarebbero, durante la loro vita, percette a profitto della nazione, senza pregiudizio de' diritti delle donne, de' figli, e de' creditori legittimi.[6]

L'atto d'emigrare, non essendo per se stesso repensibile, è difficile di distinguere il momento in cui il diventa. Quello che la legge poteva fare, era d'avvertire avanti, che si diveniva colpevoli a tali condizioni; e tutti coloro che non volevano esserlo, non avevano a far altro che obbedire. Coloro, che avvertiti del termine oltre il quale l'assenza dal regno diveniva delitto, e non ritornavano, consentivano con

---

[6] Decreti del 28 ottobre, e del 9 novembre.

ciò a passare per colpevoli. Coloro, che senza causa di guerra o di politica, erano fuori del regno, dovevano affrettarsi di ritornare; è infatti un sacrifizio ben leggiero alla sicurezza d'uno stato, quello d'abbreviare un viaggio di piacere, o d'interesse.

Luigi XVI, per sodisfare all'assemblea e alla pubblica opinione, consentì al decreto che ordinava a Monsignore di ritornare, sotto pena di perdere il diritto alla reggenza, ma appose il divieto alla legge contro gli emigrati. I ministri furono incaricati d'andare tutti insieme all'assemblea per annunziarvi le volontà reali.[7] Lessero prima vari decreti, che avevano ottenuto la sanzione. Quando venne quello degli emigrati, si fece profondo silenzio nell'assemblea; e quando il ministro della giustizia pronunziò la formula legale, *il re esaminerà*, una grande scontentezza manifestassi da tutte le parti. Volle sviluppare la cause del divieto; ma una moltitudine di voci si alzarono, e dissero al ministro che la costituzione concedeva al re il diritto di fare opposizione, ma non quello di causarla. Il ministro fu dunque costretto a ritrarsi, lasciando dietro di sè un'irritazione profonda. Questa prima resistenza del re all'assemblea, fu una rottura definitiva; e quantunque avesse sancito il decreto, che privava il fratello della reggenza, non si potè nascondere di vedere nel suo rifiuto al secondo decreto, un segno d'affezione ai ribelli di Coblenza. Si ricordò che era loro parente, loro amico, ed in qualche guisa loro consorte; e fu conchiuso, che era impossibile a lui di non far causa comune con loro contro della nazione.

Il giorno dopo Luigi XVI fece pubblicare un bando agli emigrati, e due lettere particolari ai due suoi fratelli. Le ragioni, che presentava agli uni e agli altri, erano eccellenti, e parevano dettate di buona fede. Confortavali a far cessare, tornando, i sospetti che i malevoli si giovavano di spargere; pregavali a non ridurlo ad usare contro di loro prov-

---

[7] Tornata de' 12 novembre.

vedimenti severi; e intorno al suo difetto di libertà, sul quale fonda-
vansi per non obbedirgli, provava il contrario, col divieto che aveva
apposto a loro favore.[8] Comunque siasi, queste ragioni non produs-
sero nè a Coblenza nè a Parigi il frutto che erano e parevano destinate a produrre. Gli emigrati non ritornarono; e nell'assemblea giudicossi il tuono del bando troppo mite; contrastossi fino al potere esecutivo il diritto di farlo. V'era infatti troppa irritazione per con-
tentarsi d'un bando, e massime per soffrire, che il re mutasse in un
provvedimento inutile i vigorosi provvedimenti che erano stati presi.

Fu fatta fare nel medesimo tempo un'altra prova del medesimo
genere a Luigi XVI, e produsse un effetto ugualmente disgraziato. I
primi tumulti religiosi erano scoppiati nel Ponente; l'assemblea costituente vi aveva mandato due commissari, uno dei quali Gensonné,
più tardi sì celebre nella parte della Gironda. La loro relazione era
stata fatta all'assemblea legislativa, e questa relazione, quantunque
moderatissima, l'aveva ripiena di sdegno. Si ricorda, che l'assemblea
costituente, privando i preti che ricusavano di giurare, delle loro funzioni, aveva non ostante lasciato loro la pensione, e la libertà d'esercitare il loro culto a parte, D'allora in poi non avevano cessato d'eccitare il popolo contro i loro fratelli giurati, di rappresentarglieli come
empj, il cui ministero era nullo e pericoloso. Traevano i contadini al
loro seguito per lunghe distanze a dirli la messa. Questi s'irritavano a
vedere la loro chiesa occupata da un culto che reputavan malvaggio,
e d'essere costretti d'andare a cercare così lontano quello che credevo-
no il buono. Sovente la prendevano coi preti giurati, e coi loro partigiani. Era imminente la guerra civile.[9] Nuovi ragguagli furon forniti
all'assemblea, che le mostrarono il pericolo ancora maggiore. Allora
ella volle prendere, contro questi nuovi nemici della costituzione, de'

---

[8] Vedi la nota 11 alla fine del volume.
[9] Vedi la nota 12 alla fine del volume.

provvedimenti pari a quelli che aveva preso contro i nemici armati d'Oltrereno, e fare una nuova prova delle intenzioni del re. L'assemblea costituente aveva ordinato a tutti i preti il giuramento civile. Coloro che negavano di giurare, perdendo il grado di ministri del culto pubblico pagato dallo stato, conservavano le pensioni di semplici ecclesiastici, e la libertà d'esercitare privatamente il loro ministero. Niente di più dolce e di più modesto d'una tale repressione. L'assemblea legislativa richiese nuovamente il giuramento, e privò coloro che lo negavano di qualunque provvisione. Come essi abusavano della loro libertà, eccitando la guerra civile, ella ordinò che a seconda della loro condotta, fossero trasferiti da un luogo in un altro, ed anche condannati alla detenzione, se rifiutassero d'obbedire. Finalmente vietò loro il libero esercizio del loro culto particolare. E volle che i corpi amministrativi le rimettessero una nota con osservazioni sul contegno d'ognun di loro.[10]

Questo provvedimento, come quello che era stato preso contro gli emigrati, nasceva dal timore che coglie i governi minacciati, il quale gl'induce a circondarsi d'eccessive precauzioni. Non più si punisce il fatto successo, si persegue l'attacco presunto; e i loro provvedimenti diventano spesso arbitrarii e crudeli, come il sospetto.

I vescovi e i preti che erano dimorati a Parigi, ed avevano conservato relazioni col re, gli dirissero tosto una memoria contro il decreto. Già pieno di scrupoli, il re, che s'era sempre rimproverato d'aver sancito il decreto della costituente, non aveva bisogno d'eccitamento per rifiutare la sanzione. «Quanto a questo, diss'egli, parlando del nuovo progetto, mi farò piuttosto levar la vita, che indurmi a sancirlo.» I ministri appresso a poco partecipavano a quest'avviso. Barnave, e Lameth, che il re qualche volta consultava, il consigliarono a rifiutare la sanzione; ma a questo consiglio essi n'aggiungevano altri, che il re

---

[10] Decreto de' 29 novembre.

non poteva decidersi a seguitare: cioè che opponendosi al decreto, non lasciasse però alcun dubbio sulle sue intenzioni, e perciò allontanasse dalla sua persona tutti i preti che rifiutavano il giuramento, e non fornisse la sua cappella che d'ecclesiastici costituzionali. Ma di tutti gli avvisi che riceveva, il re non abbracciava altro che la parte che s'accordava alla sua debolezza, e alla sua devozione. Duport-Dutertre, ministro della giustizia, ed istrumento de' costituzionali fra i ministri, fece approvare il loro avviso; e quando il consiglio ebbe deliberato, con gran sodisfazione di Luigi XVI, che fosse apposto il divieto, aggiunse come opinione, che sarebbe convenevole che la persona del re fosse circondata di sacerdoti non sospetti. A questa proposta, Luigi XVI, ordinariamente sì flessibile, mostrò un'ostinazione invincibile, e disse che la libertà dei culti decretata per tutti, doveva essere per lui come per i suoi soggetti, e che egli doveva avere la libertà di circondarsi de' sacerdoti che a lui piacevano. Non fu insistito più oltre; e senza darne per anche conoscenza all'assemblea, il divieto fu risoluto.

Il partito costituzionale, a cui il re sembrava abbandonarsi in questo momento, prestogli un nuovo soccorso; quello della direzione del dipartimento. Questa direzione era composta de' membri più distinti dell'assemblea costituente; vi si trovavano il duca de Larochefoucault, il vescovo d'Autun, Baumetz, Desmeuniers, Ansons etc. Fece una domanda al re, non come corpo amministrativo, ma come riunione di postulanti, e richiese l'apposizione del divieto al decreto contro i preti.

«L'assemblea nazionale, diceva la domanda, ha certamente voluto il bene; noi vogliamo difenderla da' suoi colpevoli detrattori; ma un lodevole scopo l'ha spinta a risoluzioni, che la costituzione, e la giustizia, e la prudenza non potrebbero approvare... Essa fa dipendere, per tutti gli ecclesiastici non funzionari, il pagamento delle loro pensioni dalla prestazione del giuramento civile, mentre la costituzione ha messo espressamente e letteralmente queste pensioni in conto di debiti nazionali. Ora il rifiuto di prestare un giuramento qualsivoglia, può egli distruggere il titolo d'un credito riconosciuto? L'assemblea costituente ha fatto quanto poteva fare, riguardo ai preti non giurati; essi hanno ricusato il giuramento prescritto, ella gli ha privati delle loro funzioni; levandoli di possesso, gli ha ridotti ad una pensione... L'assemblea legislativa vuole, che gli ecclesiastici che non hanno prestato giuramento, o che l'avessero ritrattato, possano nei tumulti religiosi essere provvisoriamente allontanati, e carcerati se non obbediscono all'ordine che sarà loro intimato. Non è questo rinnovellare il sistema degli ordini arbitrari, poiché sarebbe lecito punire d'esiglio, e presto della prigionia, coloro che non fossero ancora convinti d'esser contumaci ad alcuna legge?... L'assemblea nazionale vieta a tutti coloro che non presteranno il giuramento civile, la libera professione del loro culto... Ma questa libertà non può esser tolta a persona, ella è consacrata per sempre nella dichiarazione de' diritti...»

Queste ragioni erano certamente eccellenti, ma non si placano co' discorsi nè i risentimenti, nè i timori delle parti. Come persuadere ad un'assemblea, di dover permettere a de' preti ostinati d'eccitare il tumulto, e la guerra civile? La direzione fu ingiuriata; e la sua petizione al re fu combattuta con una moltitudine di altre, dirette al corpo legislativo. Camillo Desmoulins ne presentò una arditissima, alla testa d'una sezione. Vi si scorgeva di già la violenza crescente del linguaggio, e il rigetto di tutte le convenienze osservate fin lì verso le autorità, e verso il re. Desmoulins diceva all'assemblea, che ci voleva un grande esempio...; che la direzione doveva esser messa in accusa...; che bisognava perseguire i capi...; che bisognava ferire alla testa, e servirsi contro i cospiratori della folgore...; che la potenza del divieto reale aveva un confine; e che non si toglieva con un divieto la prosa della Bastiglia!...

Luigi XVI, deciso di rifiutare la sanzione, differiva per altro di farne l'annunzio all'assemblea. Voleva prima con qualche atto conciliarsi l'opinione. Egli prese i suoi ministri nella parte costituzionale. Montmorin, faticato nel suo travaglioso corso sotto la costituente, e nei penosi negoziati colle diverse parti, non aveva voluto affrontar le tempeste d'una nuova legislatura, e s'era congedato malgrado le istanze del re. Il ministerio degli affari stranieri, da diversi personaggi ricusato, fu accettato da Delessart, il quale lasciò quello dell'interno. Delessart, uomo integro ed illuminato, era sotto il dominio dei costituzionali o foglianti; ma era troppo debole per decidere la volontà del re, e per imporre alle potenze straniere, e alle fazioni di dentro. Cahier de Gemile, patriotta deciso, ma più rigido che veemente, fu posto all'interno per appagare parimente l'opinion pubblica. Narbonne, giovine pieno d'azione e d'ardore, costituzionale zelante, ed acconcio a rendersi popolare, fu spinto al ministero della guerra dalla parte che allora faceva i ministri. Avrebbe potuto avere un potere utile sul consiglio, e ricongiungere l'assemblea al re, se non avesse avuto per avversario Bertrand de Molleville, ministro anti-rivoluzionario, dalla corte a tutti gli altri preferito. Bertrand de Molleville, detestando la costituzione, si ravvolgeva con arte entro il testo per attaccarne lo spirito, e voleva schiettamente che il re tentasse d'eseguirla «ma affinchè, diceva, ella fosse dimostrata ineseguibile.» Il re non poteva risolversi a rimandarlo, e con questi ministri frammisti tentò di proseguir la sua via. Dopo aver cercato di compiacere all'opinione colle sue scelte, tentò altri mezzi per affezionarsela maggiormente, ed apparve piegarsi a tutte le provvisioni diplomatiche, e militari, proposte contro le riunioni formate sul Reno.

Le ultime leggi repressive erano state frastornate dal divieto, e frattanto tutti i giorni nuovi avvisi annunziavano all'assemblea gli apparecchi e le minacce degli emigrati. Gli atti de' municipii, e dei dipartimenti vicini alla frontiera, le relazioni dei mercatanti venuti d'Oltrereno, attestavano che il visconte di Mirabeau, fratello del celebre costituente, era alla testa di seicento uomini nel vescovato di

Strasburgo; che nel territorio dell'elettore di Magonza, e presso Worms, si trovavano dei corpi numerosi di profughi sotto gli ordini del principe di Condé; che il simile a Coblenza, e in tutto l'elettorato di Treveri; che eccessi e violenze erano state commesse su dei Francesi, e che alfine era stata fatta la proposizione al capitano Wimpfen di rendere Neuf-Brisach. Questi ragguagli aggiunti a quanto già sapevasi per pubblica voce, trassero l'assemblea all'ultimo grado di sdegno. Un progetto di decreto fu subito presentato, per chiedere agli elettori il disarmo degli emigrati. La decisione fu differita a due giorni, perchè non sembrasse troppo precipitosa. Spirato questo termine, la deliberazione fu aperta.

Il deputato Isnard prese il primo la parola: fece sentire la necessità d'assicurare la tranquillità del reame, non in modo provvisorio ma durevole; di minacciare con risoluzioni pronte e vigorose, che attestassero a tutta Europa i provvedimenti patriottici della Francia «Non paventiamo, diss'egli, di provocare contro di noi la guerra delle grandi potenze; l'interesse ha già deciso delle loro intenzioni, le nostre risoluzioni non le cangeranno, ma le forzeranno a spiegarsi... Fa d'uopo che la condotta dei Francesi risponda al lor novello destino. Schiavi sotto Luigi XIV, furono non pertanto intrepidi e grandi; oggi liberi, saranno essi deboli e timidi?... E un inganno, disse Montesquieu, il credere che un popolo in rivoluzione sia disposto a farsi conquistare; egli è pronto al contrario a conquistar gli altri. (*Applausi.*)

Ci propongono di capitolare! Vogliono accrescere la prerogativa reale, accrescere il potere del re, d'un uomo, la cui volontà può contrastare a quella di tutta la nazione, d'un uomo, che riceve trenta milioni, mentre migliaia di cittadini muoiono dalla miseria! (*Nuovi applausi.*) Vogliono ricondurre la nobiltà! Dovessero pure tutti i nobili della terra assalirci, i Francesi tenendo il loro oro in una mano, ed il ferro nell'altra, combatteranno quella razza orgogliosa, e la forzeranno a subire il supplizio dell'uguaglianza.

Parliamo ai ministri, al re, ed all'Europa il linguaggio degno dei rappresentanti della Francia. Diciamo ai ministri, che finora non siamo troppo contenti della loro condotta, e che, per la responsabilità, noi intendiamo la morte. (*Applausi prolungati.*) Diciamo all'Europa, che noi rispetteremo le costituzioni di tutti gli stati, ma che qualora si susciti una guerra di re contro la Francia, noi susciteremo una guerra di popoli contro dei re!» Le acclamazioni rinnovandosi ancora, «Rispettate, gridò l'oratore, rispettate il mio entusiasmo, egli è quello della libertà! Diciamo, soggiunse, che le battaglie, che si danno i popoli per comando dei despoti, rassembrano ai colpi, che due amici incitati da perfido istigatore, si danno nell'oscurità! Se apparisce la luce, s'abbracciano, e si vendicano contro colui che gl'ingannò. Così pure, se nel momento, che gli eserciti nemici pugneranno, contro dei nostri, la filosofia gli apre gli occhi, i popoli s'abbraccerano in faccia ai tiranni caduti dal trono, e la terra sarà consolata, ed il cielo contento!»[11]

L'entusiasmo eccitato da queste parole fu tale, che attorniavasi l'oratore per abbracciarlo. Il decreto da lui difeso, fu approvato immantinente. De Vaublanc fu incaricato di portarlo al re, alla testa d'una deputazione di venti quattro membri. Con questo decreto l'assemblea dichiarava, che riguardava come indispensabile il richiedere gli elettori di Treveri e di Magonza, egli altri principi dell'impero, di metter fine agli adunamenti formati sulla frontiera. Supplicava il re al tempo stesso, di affrettare i negoziati aperti per le riparazioni dovute ai principi spossessati in Alsazia.

De Vaublanc accompagnò questo decreto con un discorso fermo e rispettoso, molto applaudito dall'assemblea. «Sire, diceva, se i Francesi scacciati dalla loro patria per la revoca dell'editto di Nantes,

[11] Tornata de' 29 novembre.

si fossero radunati in arme sui confini; se fossero stati protetti dai
principi d'Alemagna; sire, noi lo domandiamo a voi, quale fora stata
la condotta di Luigi XIV? Avrebb'egli sofferta queste riunioni? Quello
che avrebbe fatto esso per la sua autorità, Vostra Maestà il faccia per
conservare la costituzione!»

Luigi XVI, deliberato come abbiam visto, a mitigare l'effetto del
divieto con degli atti da appagare l'opinione, risolse d'andare all'assemblea, e di rispondere da se stesso al messaggio di lei, con un
discorso capace di sodisfarla.

La sera del 14 dicembre il re v'andò, dopo essersi annunziato la
mattina con un semplice viglietto. Fu accolto con profondo silenzio.
Disse, che il messaggio dell'assemblea meritava grave considerazione,
e che in una occasione ove si trattava dell'onore francese, credeva di
doversi presentare egli stesso; che dividendo le intenzioni dell'assemblea, ma paventando il flagello della guerra, aveva tentato di ricondurre i Francesi sviati; che i consigli amichevoli essendo tornati nulli,
egli aveva prevenuto il messaggio dei rappresentanti, e significato agli
elettori, che se avanti il 15 gennaio non fosse cessata qualunque riunione, essi sarebbero considerati come nemici della Francia; che aveva
scritto all'Imperatore, per richiedere il suo intervento nella qualità di
capo dell'impero, e che nel caso in cui non ottenesse soddisfazione,
egli proporrebbe la guerra. Finiva dicendo, che vanamente si cerche-
rebbe d'amareggiar di disgusti l'esercizio della sua autorità; che egli
guarderebbe fedelmente il deposito della costituzione, e che sentiva
altamente quanto fosse bello esser re d'un popolo libero.

Al silenzio successer gli applausi, e confortarono il re dell'accoglienza che aveva ricevuta giungendo. L'assemblea avendo decretato il mattino, che gli sarebbe dato risposta con un messaggio, non potè
esprimergli subito la sua soddisfazione, ma decise che il suo discorso
fosse mandato agli ottantatre dipartimenti. Narbonne venne subito
dopo a far conoscere i mezzi, che erano stati presi per assicurare l'ef-

fetto delle ingiunzioni dirette all'impero. Cento cinquanta mila uomini dovevano riunirsi sul Reno, ed aggiungeva che ciò non era impossibile. Tre duci erano nominati per comandarli, Luckner, Rochambeau, e Lafayette. Gli applausi coprirono l'ultimo nome. Narbonne aggiungeva che sarebbe partito per andare a visitare le frontiere, assicurarsi della condizione delle fortezze, e dare il massimo ardore ai lavori di difesa; che certamente l'assemblea concederebbe i sussidi necessari, e non farebbe mercato della libertà. «Nò, nò,» gridossi da tutte le bande. Finalmente domandò se l'assemblea, non ostante che il numero legale dei marescialli fosse compito, permettesse al re di conferire questo grado ai due capitani Luckner, e Rochambeau, incaricati di salvare la libertà. Le acclamazioni dimostrarono il consentimento dell'assemblea, e la soddisfazione che le cagionava l'ardore del giovine ministro. Con una tale condotta, Luigi XVI sarebbe giunto a farsi amare dal popolo, e a conciliarsi i repubblicani, i quali non volevano la repubblica, altro che perchè credevano un re incapace d'amare e di difendere la libertà.

Profittossi della soddisfazione prodotta da questi provvedimenti, per significare il divieto apposto al decreto contro i preti. Il mattino si curò di pubblicare nei giornali il licenziamento degli antichi agenti diplomatici, accusati d'aristocrazia, e la nomina dei nuovi. In grazia di queste precauzioni il messaggio fu accolto senza mormorio. Già l'assemblea se l'aspettava, e la sensazione non fu tanto sinistra quanto si sarebbe potuto temere. Si vede, quali infiniti riguardi era costretto il re ad osservare, per usare della sua prerogativa, e qual pericolo v'era per lui a valersene. Quand'anche l'assemblea costituente, che è stata accusata d'averlo perduto spogliandolo, gli avesse concesso il divieto assoluto, sarebb'egli stato perciò più potente? Il divieto sospensivo non produceva egli quivi tutto l'effetto del divieto assoluto? Era la potenza legale quella che mancava al re, o la potenza d'opinione? Si vede col fatto; non è il difetto di prerogative bastanti, quello che ha perduto Luigi XVI, ma l'uso sconsigliato di quelle che gli restavano...

L'ardore promesso all'assemblea, non si raffreddava; le proposizioni per le spese della guerra, per la nomina dei due marescialli Luckner e Rochambeau, si seguirono senza ritardo. Lafayette, tratto dal ritiro ove era andato a rinfrancarsi di tre anni di fatiche, presentossi all'assemblea, da cui fu accolto eccellentemente. Dei battaglioni della guardia nazionale l'accompagnarono al partire di Parigi; e tutto mostragli che il nome di Lafayette non era obliato, e che riguardavasi sempre come uno dei fondatori della libertà.

Frattanto Leopoldo, naturalmente pacifico, non voleva la guerra, perchè sapeva che ella non giovava ai suoi interessi, ma bramava un congresso sostenuto da forza adeguata, per procurare un accomodamento ed alcune modificazioni alla costituzione. Gli emigrati non volevano modificarla, ma distruggerla; più saggio e meglio istrutto, l'imperatore sapeva che bisognava molto concedere alle nuove opinioni, e che quello che si poteva sperare, era di rendere al più qualche prerogativa al re, e riformare la composizione del corpo legislativo, stabilendo due camere in vece d'una.[12] Quest'ultimo disegno massimamente era il più temuto e sovente rimproverato alla parte fogliante, o costituzionale. È certo, che se questa parte aveva nei primi tempi della costituente rigettato la camera alta, perchè ragionevolmente temeva di vedervi ricovrare la nobiltà, i suoi timori presentemente non eran gli stessi; al contrario aveva la giusta speranza d'empierla quasi ella sola. Molti costituenti, tornati in una perfetta nullità, avrebbero ivi trovato occasione di risalire sulla scena politica. Se dunque questa camera alta non era nei loro disegni, era almeno nei loro interessi. È certo, che i giornali frequentemente ne parlavano, e questa voce girava per tutto. Quanto era stato rapido il cammino

[12] Vedi la nota 13 alla fine del volume.

della rivoluzione! Il lato destro al presente era composto dei membri dell'antico lato sinistro; e la minaccia più temuta e rampognata, non era il ritorno al reggimento antico, ma l'istituzione d'una camera alta. Quanta differenza dal 89! e quanto una stolida resistenza aveva precipitato gli avvenimenti!

Leopoldo non vedeva dunque possibile, per Luigi XVI, che quest'ultimo miglioramento. Attendendo, aveva in mira di tirare in lungo i negoziati, e senza rompersi colla Francia, d'incuterle per la fermezza. Ma fallì lo scopo colla sua risposta. Questa risposta consistette nel notificare le conclusioni della dieta di Ratisbona, la quale rifiutava d'accettare nissun compenso per i principi spossessati in Alsazia. Non v'era cosa tanto ridicola, quanto una simile decisione, perchè tutto il territorio compreso sotto una medesima signoria, deve dipendere dalle medesime leggi: se dei principi dell'impero tenevano delle terre in Francia, dovevano patire l'abolizione dei diritti feudali; e l'assemblea costituente aveva già fatto molto, concedendo a loro un risarcimento. Molti di essi evendo già trattato in questo proposito, la dieta annullava le loro convenzioni, e vietava d'accettare nissun accomodamento. L'impero pretendeva parimente, in quanto lo riguardava, di non riconoscere la rivoluzione. Per ciò che riguardava le riunioni d'emigrati, Leopoldo, senza spiegarsi sulla loro dispersione, rispose a Luigi XVI, che l'elettore di Treveri potendo, secondo le ingiunzioni del governo francese, patire prossime ostilità, era stato comandato al capitano Bender di recargli pronti soccorsi.

Questa risposta non poteva esser peggio pensata; costringeva Luigi XVI, non volendosi compromettere, a prendere risoluzioni gagliarde, e proporre la guerra. Delessart fu subito mandato all'assemblea, per metterla a parte di questa risposta, e dimostrare le meraviglia, che faceva al re la condotta di Leopoldo. Il ministro asserì che probabilmente l'imperatore era stato ingannato, e che falsamente era stato a lui persuaso che l'elettore avesse soddisfatto a tutti i doveri di buona vicinanza. Delessart comunicò pure la replica fatta a Leopoldo. Gli era stato detto, che non ostante la sua risposta, e gli ordini dati al maresciallo Bender, se gli elettori non avessero al tempo prefisso, cioè il 15 gennaio, soddisfatto alla domanda della Francia, sarebbesi usato verso di loro la via dell'armi. «Se questa dichiarazione, diceva Luigi XVI nella lettera del 31 dicembre all'assemblea, non produrrà l'effetto che devo sperarne, se il destino della Francia sarà d'avere a combattere i suoi figli, ed i suoi alleati, farò conoscere all'Europa la giustizia della nostra causa; il popolo francese la sosterrà col suo coraggio, e la nazione vedrà che io non ho altri interessi che i suoi, e che sempre riguarderò la conservazione della sua dignità, e della sua sicurezza, come il più essenziale dei miei doveri.»

Queste parole, con cui il re sembrava nel comune pericolo ricongiungersi alla nazione, furono vivamente applaudite. E furon dati i fogli alla deputazione diplomatica, perchè ne facesse pronta relazione all'assemblea.

La regina ancora fu applaudita un'altra volta al teatro, come nei giorni del suo splendore e della sua potenza, e tornò tutta allegra a dire allo sposo, che era stata accolta come prima. Ma erano l'ultime dimostrazioni che riceveva da questo popolo, già idolatra delle sue grazie regali. Il sentimento dell'eguaglianza, che sta sì lungamente compresso negli uomini, ed è poi sì ardente quando si desta, si rivelava da tutte le parti. Era la fine dell'anno 1791; l'assemblea abolì l'antica cerimonia del primo dell'anno, e decise che gli omaggi recati al re in quel giorno solenne, nol sarebbero altrimenti per l'avvenire. Quasi alla medesima epoca, una deputazione lagnossi che non le era stata aperta la porta del consiglio, altro che mezza solamente. La discussione fu scandalosa, e l'assemblea scrivendo a Luigi XVI, soppresse i titoli di *sire* e di *maestà*. Un altro giorno un deputato presentossi al re col cappello in capo, e con abito poco acconcio. Questa condotta era sovente provocata dalla cattiva accoglienza, che la gente di corte faceva ai deputati, ed in questi ricatti l'orgoglio degli uni e degli altri non voleva mai restar di sotto.

Narbonne proseguiva il suo giro con rara sollecitudine. Tre eserciti furon posti sul confine minacciato. Rochambeau, vecchio capitano che aveva altra volta bene amministrata la guerra, ma che era al presente malaticcio, afflitto, e scontento, comandava l'esercito situato in Fiandra, e chiamato del Settentrione. Lafayette aveva l'esercito del centro, e campeggiava verso Metz. Luckner, vecchio guerriero, capitano mediocre, prode soldato, e popolarissimo nei campi per li suoi costumi tutti militari, comandava il corpo che teneva l'Alsazia. Questi erano i soli capitani, che una lunga pace, ed una diserzione generale ci aveva lasciato.

Rochambeau, scontento del nuovo stato, sdegnato dell'indisciplinatezza dominante nell'esercito, lamentavasi continuamente, e non offriva alcuna speranza ai ministri. Lafayette, giovine, attivo, ardente di presto distinguersi nella difesa della patria, ristabiliva la disciplina delle schiere, e superava tutte le difficoltà suscitate dalla mala volontà degli ufiziali, che erano gli aristocrati dell'esercito. Egli aveali riuniti, e parlando loro il linguaggio dell'onore, gli avea detto che abbandonassero il campo se non volevano servir fedelmente; che se vi erano alcuni che volessero ritirarsi, egli s'incaricava di procurare a tutti o un ritiro in Francia, o dei passaporti per fuori; ma che se duravano nel servizio, egli aspettava da essi zelo e fedeltà. Così era giunto a stabilire nel suo esercito miglior ordine di quello che dominava in tutti gli altri. Quanto a Luckner, spoglio d'opinione politica, e perciò pieghevole a tutti i reggimenti, prometteva molto all'assemblea, ed infatti era riuscito ad affezionarsi i soldati.

Narbonne viaggiò colla massima celerità, e l'11 gennaio tornò a render conto all'assemblea del suo rapido giro. Annunziò che il restauro delle fortezze era già molto avanti, che l'esercito da Dunkerque fino a Besansone presentava una somma di dugento quaranta battaglioni, e cento sessanta squadroni, coll'artiglieria necessaria per dugento mila uomini, e le provvisioni per sei mesi. Rese i maggiori elogi al patriottismo delle guardie nazionali volontarie, ed assicurò che fra poco il loro allestimento sarebbe stato perfetto. Il giovine ministro cedeva senza dubbio alle illusioni dello zelo, ma le sue intenzioni erano sì nobili, i lavori sì pronti, che l'assemblea coprillo d'applausi, offerse la sua relazione alla pubblica riconoscenza, e mandolla a tutti i dipartimenti; costume usato per dimostrare la sua stima a tutto quello di che trovavasi sodisfatta.

CAPITOLO QUARTO

Divisione dei partiti sulla questione della guerra. – Situazione del duca d'Orléans, e della sua parte. – I principi emigrati son messi in accusa. – Scelta di ministri girondini. – Dumouriez, suo carattere, mente, e disegni; ragguagli su i nuovi ministri. – Colloquio di Dumouriez colla regina. – Dichiarazione di guerra al re d'Ungheria, e di Boemia. – Primi fatti militari. – Rotte di Quiévrain, e di Tournay. – Uccisione del capitano Dillon.

Al principio dell'anno 1792, la guerra era venuta la gran question del momento; per la rivoluzione ell'era una questione di vita. I suoi nemici essendosi al presente trasferiti di fuori, là era d'uopo di cercarli e di vincerli. Ma il re, capo degli eserciti, agirebb'egli di buona fede contro de' suoi parenti, e de' suoi antichi cortigiani? Tal era il dubbio, su cui importava di rassicurar la nazione. Questa questione di guerra agitavasi ai Domenicani, che non ne lasciavano passar alcuna senza deciderla sovranamente. Ciò che parrà singolare è, che i domenicani estremi, e Robespierre loro capo, erano inclinati alla pace, e i domenicani moderati, o i girondini, alla guerra. Questi avevano a loro capi Brissot, e Louvet. Brissot difendeva la guerra col suo ingegno, e col suo potere. Pensava con Louvet e con tutti i girondini, che ella giovasse alla nazione, perchè finirebbe una pericolosa incertezza, e svelerebbe le vere intenzioni dei re. Questi uomini, giudicando del successo secondo il loro entusiasmo, non sapevano imaginare che la nazione potesse esser vinta, e pensavano che, se per fallo del re provasse qualche perdita passeggiera, ben tosto ella sarebbesi illuminata, e degraderebbe il capo infedele. Come mai Robespierre e gli altri giacobini non bramavano una risoluzione sì pronta e sì decisiva? Questo non può spiegarsi altro che per congetture. Il timido Robespierre paventava egli la guerra? o pure non vi s'opponeva, altro che perchè Brissot suo rivale ai giacomini la sosteneva, e perchè il giovine Louvet l'aveva con ingegno difesa? Comunque sia egli combattè per la pace con estrema ostinazione. Quei francescani che erano al tempo medesimo domenicani, si recarono alla deliberazione, e sostennero Robespierre. Sembravano specialmente temere, che la guerra non desse troppo vantaggio a Lafayette, e non gli procurasse tosto la dittatura militare; questo era il timore continuo di Camillo Desmoulins, che non cessava di rappresentarselo alla testa d'un esercito vittorioso, opprimente com'al Campo di Marte, giacomini e cordiglieri. Louvet, e i girondini, sopponevano un'altra causa ai cordiglieri, e credevano che non perseguissero in Lafayette, altro che il nemico del duca d'Orléans, al quale dicevansi segretamente congiunti.

Il duca d'Orléans, che vedesi di nuovo apparire più ne' sospetti de' suoi nemici, che nella rivoluzione, era allora quasi oscurato. Da principio si potè giovarsi del suo nome, ed egli stesso potè fondare delle speranze in coloro ai quali prestavalo, ma tutto era poi molto cangiato per lui. Sentendo egli stessa quanto ei fosse fuori della parte popolare, aveva cercato d'acquistare il perdono della corte negli ultimi tempi della costituente, ma era stato rigettato. Sotto la legislativa, fu conservato nel numero degli ammiragli, e fece delle nuove pratiche presso del re. Questa volta fu ammesso al suo cospetto, ebbe un colloquio assai lungo, e non fu mal accolto. Doveva ritornare al castello, e v'andò. La tavola della regina era apparecchiata, e tutti i cortigiani si trovavano in pieno numero. Appena fu scorto, i molti più offensivi furono proferiti. «Tenete l'occhio ai piatti,» dissero da tutte le parti, quasichè avesser temuti che vi gettasse il veleno. Fu pressato dattorno, fu incalzato e fu obbligato ad andarsene. Nello scendere la scala ricevette nuovi oltraggi, e partì sdegnoso, pensando che il re e la regina gli avessero preparato quello scherno umiliante. Peraltro il re, e la regina furono disperati per questa imprudenza de' cortigiani, che pienamente ignoravano.[1] Questo principe potè irritarsi sempre più, ma non divenne nè più attivo, nè più abile capo di parte di prima. I suoi amici, che stavano ai giacomini e all'assemblea, fecero però un po' più di romore; onde sembrò riapparire la sua fazione, e pensossi che le sue pretensioni e speranze rinascessero dai pericoli del soglio.

I girondini crederono che i cordiglieri, e i giacomini esagerati non sostenesser la pace, che per privar Lafayette, rivale del duca di Orléans, de' successi che la guerra poteva fruttargli. Comunque sia la guerra rigettata dai giacomini, ma sostenuta da' girondini dovè trionfare nell'assemblea, ove questi dominavano. L'assemblea cominciò col mettere primieramente in accusa, il I.mo di gennaio, Monsignore fratello del re, il conte d'Artois, il principe di Condé, Calonne, Mirabeau il giovine, e Laqueuille, come prevenuti d'ostilità contro la Francia. Il decreto d'accusa non essendo soggetto alla sanzione, questa volta non v'era da temere il divieto. Il sequestro de' beni degli emigrati, e la percezione delle loro rendite a profitto dello stato, ordinate col decreto non sancito, furono nuovamente prescritte con un altro decreto, al quale il re non mise alcuna opposizione. L'assemblea s'impadronì delle rendite a titolo di riparazione di guerra. Monsignore fu privato della reggenza, in virtù della decisione presa antecedentemente.

La relazione sull'ultimo messaggio dell'imperatore fu finalmente presentata all'assemblea, il 14 gennaio, da Gensonné. Egli fece osservare, che la Francia aveva sempre profuso per l'Austria i suoi tesori ed i suoi soldati, senza mai ottenere il ricambio; che il trattato d'alleanza segnato nel 1756, era stato violato dalla dichiarazione di Pilnitz e dalle seguenti, il cui oggetto era di suscitare una lega armata dei principi; che era stato violato anche per l'armamento degli emigrati, tol-

---

[1] Vedi la nota 14 alla fine del volume.

lerato e fino favoreggiato ai principi dell'impero. Gensonné asserì di più, che quantunque recentemente fossero stati dati ordini per la dispersione de' raunamenti, quest'ordini apparenti non erano stati eseguiti; che la nappa bianca non aveva cessato d'esser portata oltre il reno, la nappa nazionale era stata oltraggiata, i viaggiatori francesi maltrattati; in conseguenza era d'uopo di domandare all'imperadore l'estrema riposta sul trattato del 1756. Fa ordinata stampa della relazione, e l'aggiornamento.

Il giorno stesso Guadet sale alla tribuna. «Di tutti i fatti, diss'egli, comunicati all'assemblea, quello che più l'ha ferita, è il disegno d'un congresso, avente per mira d'ottenere la modificazione della costituzione francese, disegno da lungo tempo sospettato, e finalmente annunziato come possibile dalle deputazioni e dai ministri. Se è vero, aggiunge Guadet, che questa trama sia trattata da uomini che credono di vedervi il mezzo d'uscire dalla politica nullità in cui son caduti; se è vero, che alcuni agenti del potere esecutivo secondino con tutta la potenza delle loro relazioni questa abominosa congiura; se è vero, che si tenti di menarci fra gl'indugi e lo scoraggimento, all'accettazione di questa ontosa mediazione, l'assemblea nazionale dovrà ella chiudere gli occhi su tali pericoli? Giuriamo, grida l'oratore, di morir qui tutti, piuttosto...» Non fu lasciato finire; tutta l'assemblea alzossi gridando: *Sì, sì, lo giuriamo*; e fra l'entusiasmo fu dichiarato infame e traditore della patria, ogni francese che prendesse parte a un congresso il cui oggetto fosse di modificare la costituzione. Questo decreto era diretto contro gli antichi costituenti, e il ministro Delessart. Quest'ultimo specialmente era accusato di tirare in lungo le trattative. Il 17 fu ripresa la discussione sulla relazione di Gensonné, e fu decretato, che il re non dovesse più trattare che in nome della nazione francese, e che richiedesse l'imperadore di spiegarsi definitivamente avanti il I marzo prossimo. Il re rispose, che erano quindici giorni che avea domandato spiegazioni positive a Leopoldo.

In quest'intervallo si seppe, che l'elettore di Treveri, spaventato dalla fermezza del governo francese, avea dato nuovi ordini per la dispersione de' raunamenti, per la vendita de' magazzini formati ne' suoi stati, per la proibizione delle leve e de' militari esercizi, e che quest'ordini erano difatti messi in esecuzione. Nello stato in cui erasi, tal nuova fu accolta freddamente. Non vi fu visto che vane dimostrazioni vuote d'effetto, e continuossi a domandare la risposta definitiva di Leopoldo.

Erano delle divisioni tra i ministri; tra Bertrand de Molleville, e Narbonne. Bertrand era geloso della popolarità del ministro della guerra, e biasimava le sue condiscendenze per l'assemblea. Narbonne lamentavasi della condotta di Bertrand de Molleville, delle sue mire incostituzionali, e voleva che il re gli levasse il ministerio. Cahier de Gerville teneva la bilancia tra di loro, ma senza successo. Fu preteso che la parte costituzionale volesse spingere Narbonne alla dignità di primo ministro; sembra ancora che il re fosse ingannato, che gli fosse fatto paventare della popolarità e della ambizione di Narbonne, e gli fosse mostrato in lui un giovine presuntuoso che volesse governare il gabinetto. I giornali furono istrutti di queste divisioni; Brissot, e la Gironda difesero ardentemente il ministro minacciato di disgrazia, e vivamente assalirono i suoi colleghi, e il re. Fu pubblicata una lettera scritta a Narbonne dai tre capitani del Settentrione, nella quale gli esprimevano i loro timori sulla sua deposizione che dicevasi imminente. Il re subito il depose; ma per combatter l'effetto di questa deposizione, fece annunziare quella di Bertrand de Molleville. Per altro l'effetto della prima non fu men grave; un'agitazione straordinaria comparve ben tosto; e l'assemblea voleva dichiarare, secondo la formula usata altra volta per Necher, che Narbonne portava seco la fiducia della nazione, e che tutti i ministri l'avevan perduta. Volevasi però accettuare da questa condanna Cahier de Gerville, che aveva sempre combattuto Bertrand del Molleville, ed aveva avuto anzi con lui una disputa violenta. Dopo molte agitazioni, Brissot chiese di provare che Delessart aveva tradito la fiducia della nazione. Questo ministro aveva confidato alla deputazione diplomatica la sua corrispondenza con Kaunitz; ella era senza dignità, porgeva anzi a Kaunitz un'idea poco favorevole della condizione della Francia, e sembrava avere incoraggiato la condotta e il linguaggio di Leopoldo. Bisogna sapere, che Delessart e il suo collega Duport-Dutertre, erano i due ministri che più specialmente appartenevano ai bernardini, ed ai quali portavasi maggior dispetto, perchè erano accusati di favorire l'idea d'un congresso.

In una dell'adunanze più tempestose dell'assemblea, lo sfortunato Delessart fu accusato da Brissot, d'aver compromesso la dignità della nazione, di non avere avvertito l'assemblea dell'unione delle potenze, e della dichiarazione di Pilnilz; d'aver professato ne' suoi messaggi delle dottrine incostituzionali, d'aver dato a Kaunitz una falsa idea dello stato della Francia, d'aver tirato in lungo le pratiche, e d'averle condotte in maniera opposta agli interessi della patria. Vergniaud s'unì a Brissot, ed aggiunse de' nuovi lamenti a quelli che erano stati imputati a Delessart. Gli rimproverò d'aver serbato troppo lungamente in portafoglio, quand'era ministro dell'interno, il decreto di riunione della Contea Venesina alla Francia, e d'esser così la causa dell'uccisioni di Avignone. Poi Vergniaud aggiunse: «Da questa tribuna ond'io parlo, si vede il palagio, ove consiglieri perversi traviano e ingannano il re che la costituzione ci ha dato; vedo le finestre del palagio, ore si trama la contro-rivoluzione, ove si macchinano i mezzi di rigettarci nella schiavitù... nei tempi antichi il terrore è partito sovente, in nome del dispotismo, da questo famoso palagio; oggi vi rientri in nome della legge; vi penetri in tutti i cuori; e tutti coloro che l'abitano, sappiano che la nostra costituzione non concede l'inviolabilità che al re.»

Il decreto d'accusa fu subito messo ai suffragi, e approvato;[2] Delessart fu mandato all'alta corte nazionale stabilita ad Orléans, incaricata per la costituzione di giudicare i delitti contro lo stato. Il re il vide partire col più vivo dolore: gli aveva dato la sua fiducia, e molto l'amava per le sue vedute moderate e pacifiche. Duport-Dutertre, ministro di parte costituzionale, fu parimente minacciato d'accusa; ma ei la prevenne domandando di giustificarsi, e venne assoluto col passar oltre; egli subito congedossi. Cahier de Gerville congedossi eziandio, e in tal maniera il re trovossi privo del solo ministro, che godesse presso dell'assemblea reputazione di patriottismo.

Separato da' ministri che i foglianti gli avevan dato, e non sapendo su chi appoggiarsi in mezzo a tanto infortunio, Luigi XVI, che aveva licenziato Narbonne come troppo popolare, pensò a legarsi colla Gironda, che era repubblicana. È vero che non era tale che per sospetto del re, il quale poteva, abbandonandosi a lei, ritrarnela; ma era mestieri che ei si abbandonasse schiettamente, e quest'eterna questione della buona fede tornava in campo anche qui come in tutte le occasioni. Luigi XVI era sicuramente sincero quando confidavasi ad una parte, ma ciò non faceva senza corruccio e rammarico. Quindi subito che questa parte imponeva a lui una condizione difficile ma necessaria, ei respingevate; la diffidenza subito nasceva, il rancore la seguitava, e presto una rottura era il frutto di queste infelici alleanze tra de' cuori esclusivamente occupati da interessi troppo opposti. Così Luigi XVI dopo avere ammesso presso di sè la parte fogliante, aveva rigettato con sdegno Narbonne suo capo più distinto, ed era costretto, per quietare la tempesta, d'abbandonarsi alla Gironda. L'esempio dell'Inghilterra, ove il re prende sovente i suoi ministri nell'opposizione, fu una delle ragioni di Luigi XVI. La corte concepì allora una speranza, perchè si spera sempre anche nelle più triste

---

[2] Adunanza del 10 marzo.

occasioni; lusingossi che Luigi XVI, prendendo dei demagoghi incapaci e ridicoli, perderebbe la reputazione della parte, nella quale gli avesse scelti. Per altro non accadde così, e i nuovi ministri non furono quali erano desiderati dalla malvagità dei cortigiani.

Da più d'un mese, Delessart e Narbonne avevano chiamato un uomo, di cui avevan creduto prezioso l'ingegno, tenendolo presso di sè onde valersene. Questo era Dumouriez, il quale comandando a vicenda nella Normandia, e nella Vandea, aveva per tutto mostrato rara fermezza ed intelligenza. Egli s'era offerto quando alla corte e quando all'assemblea costituente, perchè per lui era indifferente ogni parte, purchè potesse esercitare l'attività e l'ingegno straordinario. Dumouriez, rimpicciolito dal secolo, aveva passato una parte della vita negl'intrighi diplomatici. Colla sua bravura, coll'ingegno militare e politico, e i suoi cinquanta anni, era ancora all'apertura della rivoluzione un brillante avventuriero. Aveva però conservato il foco e l'ardire della gioventù. Quando principiava una guerra o una rivoluzione, ei stendeva de' disegni, gli indirizzava a tutte le parti, pronto ad agire per tutti, purchè agisse. S'era così avvezzato a non dare nissun valore alla natura d'una causa; ma quantunque troppo sfornito di persuasione, era generoso e sensibile, e capace d'attaccamento, se non alle massime, almeno alle persone. Frattanto colla sua mente sì grande, sì pronta e sì vasta, con un coraggio a vicenda tranquillo ed impetuoso, era maraviglioso per servire, ma incapace di comandare. Non aveva nè la dignità d'una persuasione profonda, nè la fierezza d'una volontà dispotica, e non sapeva comandare altro che a de' soldati. Se col suo ingegno avesse avuto le passioni di Mirabeau, la volontà di Cromvello, o soltanto il dommatismo di Robespierre, avrebbe signoreggiato la rivoluzione e la Francia.

Dumouriez, giunto presso a Narbonne, formò subito un vasto disegno militare. Voleva la guerra offensiva, e difensiva. Per tutto ove la Francia stendevasi fino ai suoi naturali confini, il Reno, l'Alpi, i

Pirenei, e il mare, voleva stare alla difensiva. Ma ne' Paesi Bassi ove il nostro territorio non arrivava fino al Reno, nella Savoja ove non arrivava fino all'Alpi, voleva assalire ad un tratto, e giunti ai confini naturali, riprendere la difensiva. Con ciò conciliavansi del pari gl'interessi e i principii; profittavasi d'una guerra che non ora stata provocata, per tornare, in fatto di confini, alle vere leggi della natura. Propose inoltre la formazione d'un quarto esercito destinato ad occupare il Mezzogiorno, e ne domandò il comando che gli venne promesso.

Dumouriez s'era fatto benevolo Gensonné, uno de' commissari civili mandati nella Vandea dall'assemblea costituente, quindi deputato della legislativa, e membro de' più potenti della Gironda. Avendo anche osservato, che i domenicani erano la potenza dominatrice, s'era presentato nella loro assemblea, v'aveva letto diverse memorie molto applaudite, e non aveva però cessato dall'antica amicizia di Delaporte, intendente della provvisione reale, e devoto amico di Luigi XVI. Appoggiandosi così alle diverse potenze che erano per congiungersi, Dumouriez non poteva fallire di trionfare, e d'esser fatto ministro. Luigi XVI gli fece offrire il ministero degli affari stranieri, fatto vacante dal decreto d'accusa contro Delessart; ma, sempre affezionato al ministro accusato, il re non glie l'offerse che provvisorio. Dumouriez, conoscendosi fortemente sostenuto, e non volendo parere di guardare il posto per un ministro fogliante, ricusò il ministero a tal patto, e l'ottenne per l'intiero. Non trovò ministri, che Cahier de Gervile, e Degraves. Cahier de Gerville, quantunque avesse domandato congedo, non aveva per anche abbandonato gli affari. Degraves aveva ricambiato Narbonne; era giovine, facile, ed inesperto; Dumouriez seppe guadagnarselo, ed ebbe così in mano le relazioni straniere, e l'amministrazione militare, vale a dire le cause e l'apparecchio della guerra. Non bisognava meno, a questo ingegno intraprendente. Appena fatto ministro, Dumouriez fregiassi ai giacobini di berretto rosso, foggia novella imitata dai Frigi, e porta il segno della libertà. Promise loro di governare per essi, e con essi. Presentato a Luigi XVI, rassicurollo della sua condotta ai domenicani; distrusse l'impressione che questa condotta gli aveva prodotto; ebbe l'arte di toccarlo con testimonianze di devozione, e di dissipare la sua cupa tristezza a forza spirito. Gli persuase, che egli non cercava la popolarità che a benefizio del trono, e a consolidazione del medesimo. Frattanto, ad onta della sua deferenza, ebbe cura di far sentire al principe che la costituzione era inevitabile, e tentò di consolarlo, cercando di provargli che un re poteva, anche con essa, essere potentissimo. I suoi primi messaggi alle potenze, pieni di ragione e di fermezza, cambiarono la natura delle trattative, dettero alla Francia un'attitudine affatto nuova, ma resero la guerra imminente. Era naturale che Dumouriez bramasse la guerra, poichè ne possedeva il genio, ed aveva meditato trentasei anni su questa grand'arte; ma bisogna anche convenire, che la condotta del gabinetto di Vienna, e l'irritazione dell'assemblea, l'avevano resa' inevitabile.

Dumouriez, colla sua condotta ai giacomini, colle sue note alleanze, della Gironda, doveva, anche senza odiare i bernardini, rompersi con essi; d'altronde ei li cacciava di posto. Così esso fu in una costante opposizione con tutti i capi di questa parte. Affrontando del resto i motteggi e i disprezzi ch'eglino dirigevano contro i giacomini e l'assemblea, si decise a seguir la sua via coll'usata sua sicurezza.

Bisognava compiere il consiglio. Pétion, Gensonné, e Brissot, erano consultati per le scelte da fare. Non si poteva per legge prendere i ministri dall'assemblea presente, nè dalla precedente; le scelte trovavansi dunque estremamente ristrette. Dumouriez propose per la marina Lacoste, antico officiale di questo ministerio, fatigatore esperto, patriotta ostinato, che non ostante affezionossi al re da cui fu amato, e restò presso di lui più lungamente di tutti gli altri. Si voleva dare il ministero della giustizia al giovine Louvet, che s'era distinto recentemente ai domenicani, ed aveva ottenuto il favore della

Gironda per aver sostenuto sì bene l'opinione di Brissot per la guerra; l'invidioso Robespierre il fece subito denunziare. Louvet si difese trionfalmente, ma non si volle un uomo, la cui popolarità era contrastata, e fu fatto venire Duranthon, avvocato di Bordeaux, uomo illuminato e retto, ma troppo, debole. Restava a dare l'amministrazione dell'erario, e dell'interno. La Gironda parimente propose Clavière, noto per scritti pregiati intorno alle rendite. Clavière avea molte idee, tutta l'ostinazione della meditazione, e un grande ardore al lavoro. Il ministro posto all'interno fu Roland, già ispettore delle manifatture, noto per boni scritti sull'industria, e sull'arti meccaniche. Questo, con austeri costumi, con dottrine inflessibili, e con aspetto duro e freddo, cedeva senza accorgersene al dominio superiore di sua moglie. Madama Roland era giovine e bella. Nudrita, in fondo al ritiro, d'idee filosofiche e repubblicane, aveva vagheggiato pensieri superiori al suo sesso, e s'era formata delle massime che allora regnavano, una religione severa. Vivendo in intima amistà con suo marito, prestava a lui la sua penna, comunicavagli parte della sua vivacità, e spirava il suo entusiasmo non solamente al marito, ma a tutti i girondini, i quali appassionati per la libertà e per la filosofia, adoravano in lei la beltà e l'ingegno, e le loro proprie opinioni.

I nuovi ministri godevano alti pregi, per prosperare; ma era d'uopo che non dispiacessero troppo a Luigi XVI, e che egli durasse la sua alleanza colla Gironda. Sarebbero allora bastati alla loro impresa; ma era a temere che non fosse tutto perduto quel giorno, in cui alla naturale incompatibilità delle parti, venisse ad aggiungersi qualche fallo degli uomini, ciò che non poteva mancare di presto accadere. Luigi XVI, tocco dall'attività de' suoi ministri, dalle buone intenzioni e dall'ingegno per gli affari, rimase per un momento meravigliato; le loro riforme economiche specialmente gli andavano a grado, perchè aveva sempre amato questo genere di bene, il quale non esigeva alcun sacrifizio nè d'autorità nè di massime. Se avesse potuto esser sempre rassicurato come fu di bel principio, e separarsi dalla gente di corte, avrebbe facilmente sofferto la costituzione. Ripetevalo sinceramente ai ministri, e giunse a persuadere i due più ritrosi, Roland, e Clàvière. La persuasione fu intiera da una parte e dall'altra. La Gironda che non era repubblicana, che per sospetto del re, allora cessò di esser tale, e Vergniaud, Gensonné, e Guadet entrarono in relazione con Luigi XVI; ciò che più tardi fu contra di loro un titolo d'accusa. L'inflessibile moglie di Roland rimaneva sola dubbiosa, e tratteneva i suoi amici secondo lei troppo facili a cedere. La ragione de' suoi sospetti era naturale: ella non vedeva il re. I ministri al contrario conferivano con lui tutti i giorni, e gli uomini onesti che s'avvicinano son subito tranquillati; ma questa fede non poteva durare, perchè delle questioni inevitabili erano per fare apparire tutta la differenza delle loro opinioni.

La corte cercava di spargere il ridicolo sulla semplicità un poco repubblicana de' nuovi ministri, e sulla selvaggia rozzezza di Roland, che presentavasi al castello senza le fibbie alle scarpe. Dumouriez ricambiava i sarcasmi, e mescendo l'ilarità al più assiduo lavoro, piaceva al re, invaghivate col suo spirito, e forse a lui conveniva meglio degli altri per la flessibilità delle sue opinioni. La regina, accorgendosi che fra tutti i suoi colleghi era il più potente sull'animo del monarca, bramò di vederlo. Egli ci ha conservato nelle sue Memorie questo curioso colloquio, che dipinge le agitazioni di quella principessa sciagurata, degna d'altro regno, d'altri amici, e d'altra sorte.

«Introdotto, dice, nella camera della regina, la trovò sola, e tutta rossa, che passeggiava a gran fretta in una agitazione che presagiva un colloquio animatissimo. Andò a porsi dal lato del camminetto, dolentemente afflitto della sorte della principessa, e delle pene terribili da lei provate. Ella venne a lui con aria maestosa e sdegnata, dicendogli: *Signore, Voi siete potentissimo in questo momento, ma per favore di popolo che infrange ben presto i suoi idoli. La vostra vita dipende dalla vostra condotta. Dicono che voi avete molto ingegno. Voi dovete giudicare, che nè il re nè io non possiamo soffrire tutte queste novità, nè la costituzione. Io ve lo dichiaro francamente; prendete il vostro partito.*

«Egli risposele: *Madama, io sono rammaricato della penosa confidenza che mi fa vostra maestà. Io non la tradirò: ma io sono tra il re e la nazione, ed appartengo alla mia patria. Permettetemi di rammentarvi, che la salute del re, la vostra, quella de' vostri figli augusti, è attaccata alla costituzione, come il ristabilimento della sua legittima autorità. Io servirei male lui e voi, se vi parlassi diversamente. Voi siete ambedue circondati da nemici, che vi sagrificano al loro propio interesse. La costituzione, una volta che sia in vigore, ben lungi dal fare il male del re, farà la sua felicità e la sua gloria; bisogna che egli cooperi a stabilirla solidamente, e prontamente.* La sciagurata regina, offesa che Dumouriez urtasse le sue idee, gli disse alzando la voce con iracondia: *Questo non durerà; pensate ai casi vostri.*

«Dumouriez rispose con modesta fermezza: *Madama, ho più di cinquant'anni; la mia vita è stata attraversata da molti pericoli, e prendendo il ministero, ho riflettuto bene che la responsabilità non è il maggiore de' miei pericoli. – Non mancava altro, diss'ella dolorosamente, che di calunniarmi. Pare che voi crediate, che io sia capace di farvi assassinare:* e le cadevano dagli occhi le lacrime.

«Agitato al pari di lei: *Dio mi guardi, diss'egli, dal farvi un sì crudele oltraggio! Il carattere di vostra maestà è grande e nobile; ella ne ha dato eroiche prove che ho ammirato, e m'hanno a lei affezionato.* Nel momento calmossi, e s'avvicinò a lui. Egli continuò: *Credete a me, Madama, io non ho alcun interesse a ingannarvi, io aborro al pari di voi l'anarchia, e i delitti. Credete a me, ho dell'esperienza. Son meglio situato di vostra maestà per giudicare gli avvenimenti. Non è un moto popolare momentaneo, come pare che voi crediate. È la sollevazione quasi unanime d'un gran popolo, contro abusi inveterati. Grandi fazioni soffiano in questo incendio, vi sono in tutte degli scellerati e de' folli. Io non ravviso nella rivoluzione che il re, e la nazione intera; tutto quello che tende a separarli, conduce alla loro scambievole rovina; io fatico per quanto posso a riunirli, tocca a voi ad aiutarmi. Se io sono d'ostacolo ai vostri disegni, se voi vi persistete, ditemelo; io porto all'istante la mia renunzia al re, e vado a gemere in disparte sulla sorte della mia patria, e sulla vostra.*

«La fine di questa conferenza vinse interamente la fiducia della regina. Percorsero insieme le diverse fazioni; egli le citò i falli, e i delitti di tutte; le provò che era tradita domesticamente; le citò dei discorsi fatti in intima confidenza con lei; alla fine questa principessa parve essere interamente persuasa, e congedollo con aria serena ed affabile. Ella era di buona fede, ma i suoi domestici, e gli orribili eccessi de' fogli di Marat, e de' domenicani, la ricacciarono tosto nelle sue funeste risoluzioni.

«Un altro giorno ella gli disse in presenza del re: *Voi mi vedete desolata; non ho coraggio d'affacciarmi alla finestra dalla parte del giardino. Ieri sera, per prender aria, m'affacciai alla finestra del cortile: un cannoniere di guardia m'apostrofò con un'ingiuria grossolana, aggiungendo:* Che gusto avrei a veder la tua testa in punta alla mia bajonetta! *In questo tetro giardino, di là si vede un uomo salito sopra una seggiola, leggere ad alta voce cose orribili contro di noi; di quà un soldato, o un abate tirato in una vasca, e ricoperto di villanie e di colpi; in questa altri giocano al pallone, e si diportano tranquillamente. Che soggiorno! che popolo!*» (Memorie di Dumouriez; libro III, capitolo VI.)[3]

Così, per una sorta di fatalità, le supposte intenzioni del castello eccitavano il sospetto ed il furore del popolo, e i clamori del popolo aumentavano i dolori e le imprudenze del castello. Così la disperazione regnava di dentro e di fuori. Ma perchè, si domanda, una franca spiegazione non poneva fine a tanti mali? Perchè il castello non com-

---

[3] Vedi la nota 15 alla fine del volume.

prendeva i timori del popolo? Perchè il popolo non comprendeva i dolori del castello? Ma perchè gli uomini son eglino uomini?... A quest'ultima domanda bisogna arrestarsi, chinar la fronte, rassegnarsi alla umana natura, e proseguire questi tristi racconti.

Leopoldo II era morto; le disposizioni pacifiche di questo principe erano desiderabili alla tranquillità d'Europa, e non si poteva sperare alla medesima moderazione dal suo successore e nipote, il re di Boemia e d'Ungheria. Gustavo, re di Svezia, era stato assassinato in mezzo ad un festino. I nemici dei giacobini rimproveravano a loro questo assassinio; ma era ben manifesto che fu delitto della nobiltà, umiliata da Gustavo nell'ultima rivoluzione di Svezia. Così la nobiltà, che accusava in Francia i furori rivoluzionari del popolo, porgeva nel Settentrione un esempio di ciò che ella era stata una volta, e di ciò che ell'era ancora nei paesi ove la civiltà era meno avanti. Quale esempio per Luigi XVI, e quale lezione se nel momento avesse potuto comprenderla! La morte di Gustavo fece fallire l'impresa che aveva meditato contro la Francia, impresa alla quale Caterina doveva fornire i soldati, e la Spagna i sussidi. È dubbio però che la malfida Caterina avesse fatto quanto aveva promesso; e la morte di Gustavo, le cui conseguenze furono esagerate, fu veramente un fatto di poca importanza.[4]

Delessart era stato messo in accusa per la debolezza dei suoi messaggi; non era nè del gusto nè dell'interesse di Dumouriez di trattare debolmente colle potenze. Gli ultimi messaggi avevan sembrato soddisfare Luigi XVI, per la loro convenienza e fermezza. Da Noailles, ambasciatore a Vienna, e servitore poco sincero, mandò la sua renunzia a Dumouriez dicendo, che non sperava di fare ascoltare al capo dell'impero il linguaggio che gli veniva dettato. Dumouriez affrettossi d'avvisarne l'assemblea, la quale sdegnata di questa renunzia, mise

---

[4] Vedi la nota 16 alla fine del volume.

tosto de Noailles in accusa. Un altro ambasciatore fu subitamente
mandato con nuovi messaggi. Due giorni dopo Noailles disdisse la
sua renunzia, e mandò la risposta formale che aveva chiesto alla corte
di Vienna. Questo messaggio di de Cobenlzel è, tra tutti i falli delle
potenze, uno de' più impolitici che siano stati commessi. De
Cobentzel esigeva, in nome della sua corte, il ristabilimento della
monarchia francese sulle basi fissate dalla dichiarazione reale dei 23
giugno 1789. Era questo un imporre il ristabilimento dei tre ordini,
la restituzione dei beni del clero, e quella della Contea Venesina al
papa. Il ministro austriaco domandava inoltre la restituzione ai principi dell'impero delle terre d'Alsazia, con tutti i loro diritti feudali. Bisognava non conoscere la Francia che colle passioni di Coblenza, per
proporre somiglianti condizioni. Era un esigere e la distruzione d'una
costituzione, giurata dal re e dalla nazione, e la revoca d'una grande
determinazione riguardo a Avignone; e finalmente il fallimento per la
restituzione de' beni del clero già venduti. D'altronde con qual diritto richiedere una tale sommissione? Con qual diritto intervenire ne'
nostri affari? Qual lamento potevasi elevare per li principi d'Alsazia,
se le loro terre erano comprese nella sovranità francese, e dovevano
subirne la legge?

Il primo moto del re e di Dumouriez fu di correre all'assemblea per
informarla di questo messaggio. L'assemblea ne fu indignata, e doveva esserlo; fuvvi un grido generale di guerra. Quello che Dumouriez
tacque all'assemblea, fu che l'Austria da lui minacciata di novella rivoluzione a Liegi, aveva mandato un messo per trattare di quest'affare
con lui; che il linguaggio di questo messo era affatto differente da
quello dei ministri austriaci; e che assai chiaramente l'ultimo messaggio era effetto d'una risoluzione subita e insinuata. L'assemblea tolse
il decreto d'accusa contro Noailles, e chiese una pronta relazione. Il re
non poteva più retrocedere; questa guerra fatale era finalmente per
dichiararsi, ed in nissun caso ella non favoriva i suoi interessi. I

Francesi, vincitori, sarebbero divenuti più esigenti e più inesorabili per l'osservazione della nuova legge; vinti, se la sarebbero presa col governo, e l'avrebbero accusato d'aver male aiutato la guerra. Luigi XVI vedeva perfettamente questo doppio periglio, e tale risoluzione fu una di quelle che gli recarono maggior pena.[5] Dumouriez preparò la relazione coll'usata celerità, e portolla al re che la ritenne tre giorni. Trattavasi, se il re costretto a prendere l'iniziativa presso l'assemblea, l'indurrebbe a dichiarare la guerra, o pure se si contenterebbe di consultarla in proposito, annunziando che secondo le ingiunzioni fatte, la Francia *si trovava in stato di guerra*. I ministri Roland, e Clavière, opinavano pel primo avviso. Gli oratori della Gironda ugualmente il dividevano, e volevan dettare il discorso del re. Repugnava a Luigi XVI il dichiarare la guerra, e bramava piuttosto *di dichiarare lo stato di guerra*. La differenza era di poco momento, tuttavia era al suo cuore preferibile. Potevasi avere tal condiscendenza per la sua situazione. Dumouriez, più facile, non consultò altri ministri; e sostenuto da Degraves, da Lacaste, e da Duranthon, fece abbracciare l'opinione del re. Questa fu la sua prima querela colla Gironda. Il re compose il discorso da sè, e andò in persona all'assemblea il 20 d'aprile, seguito da tutti i ministri. La frequenza considerabile de' spettatori accresceva l'effetto a questa adunanza, che era per decidere della sorte della Francia, e dell'Europa. Il sembiante del re era alterato, e dimostrava preoccupazione profonda. Dumouriez lesse una relazione minuta dei negoziati della Francia coll'impero; dimostrò che il trattato del 1756 era rotto col fatto, e che dietro l'ultima dichiarazione, la Francia *si trovava in stato di guerra*. Aggiunse, che il re per consultare l'assemblea non avendo altro mezzo legale che *la proposizione formale di guerra*, si riduceva a consultarla per questa via. Luigi XVI prese allora la parola con dignità, ma con voce alterata. –

[5] Vedi la nota 17 alla fine del volume.

«Signori, disse, voi avete udito il processo delle pratiche che ho seguitate colla corte di Vienna. Le conclusioni della relazione sono state l'unanime avviso del mio consiglio; io stesso le ho approvate. Esse sono conformi alla brama, che mi ha molte volte manifestato l'assemblea nazionale, ed ai sentimenti che mi ha espresso un gran numero di cittadini delle differenti parti del regno; tutti preferiscono la guerra, al veder più lungamente la dignità del popolo francese oltraggiata, e la sicurezza nazionale minacciata. Io dovea primieramente esaurire tutti i mezzi per mantenere la pace. Vengo oggi, ai termini della costituzione, a proporre all'assemblea nazionale la guerra contro il re d'Ungheria, e di Boemia.»

Fu fatta a questa proposizione la migliore accoglienza; le grida di *viva il re*, risuonarono da tutti i lati. L'assemblea rispose a Luigi XVI, che delibererebbe, e l'informerebbe con un messaggio del risultamento della delibrazione. La più tempestosa discussione allora cominciò, e si protrasse molto avanti nella notte. Le ragioni già portate contro e in favore, furono quivi ripetute; finalmente il decreto fu risoluto, e la guerra decisa a grande pluralità.

«Considerando, diceva l'assemblea, che la corte di Vienna, in disprezzo dei trattati, non ha cessato di porgere aperta protezione ai ribelli Francesi; che ha provocato e formato un accordo tra molte potenze dell'Europa contro l'indipendenza, e la sicurezza del popolo francese;

Che Francesco I, re d'Ungheria e di Boemia,[6] ha coi suoi messaggi dei 18 marzo e dei 7 aprile ultimi, negato di renunziare a quest'accordo;

Che, ad onta della proposizione che gli è stata fatta col messaggio degli 11 marzo 1792, di ridurre scambievolmente allo stato di pace le milizie su i confini, egli ha continuato ed aumentato i suoi ostili

---

[6] Francesco I non era ancora eletto imperatore.

apparecchi;

Che egli ha formalmente attentato alla sovranità del popolo francese, dichiarando di voler sostenere le pretensioni dei principi alemanni possidenti in Francia, ai quali il popolo francese non ha cessato d'offrire delle riparazioni;

Che egli ha cercato di dividere i cittadini francesi, e d'armarli gli uni contro degli altri, offrendo agli scontenti un sostegno nell'accordo delle potenze;

Considerando finalmente, che il rifiuto di rispondere agli ultimi dispacci del re dei Francesi non lascia più speranza d'ottenere colla via di trattazione amichevole, la riparazione di queste differenti lagnanze, ed equivale ad una dichiarazione di guerra, ecc., l'assemblea dichiara che vi è urgenza.»

Bisogna convenirne, questa guerra crudele, che ha sì lungamente rotto l'Europa, non è stata provocata dalla Francia, ma dalle potenze straniere. La Francia, col dichiararla, non ha fatto altro che riconoscere con un decreto lo stato, a cui era ridotta. Condorcet fu incaricato di fare una dichiarazione delle cause alla nazione. La storia deve raccogliere questo documento, prezioso modello di ragione e di moderazione.[7]

La nuova della guerra produsse un'allegrezza generale. I patriotti speravano la fine de' timori, che cagionava loro l'emigrazione e la condotta incerta del re; i moderati temendo sopra di tutto il danno delle divisioni, speravano che il comune pericolo a quelle porrebbe fine, e che i campi di battaglia attrarrebbero tutti gli nomini sediziosi generati dalla rivoluzione. Alcuni foglianti solamente, assai propensi a cercare dei torti all'assemblea, le rimproveravano, d'avere violato la costituzione, secondo la quale la Francia non doveva mai essere assalitrice. Ma qui è troppo evidente, che la Francia non assaliva. Quindi, tranne il re e pochi malcontenti, la guerra era il desiderio generale.

---

[7] Vedi la nota 18 alla fine del volume.

Lafayette preparossi a servir prodemente il suo paese in questo novello arringo. Egli trovavasi particolarmente incaricato d'eseguire il disegno di Dumouriez, apparentemente ordinato da Degraves. Dumouriez aveva sperato con ragione, ed avea fatto sperare a tutti i patriotti, che l'invasione del Belgio fosse facilissima. Questo paese, recentemente agitato da una rivoluzione che l'Austria aveva compresso, doveva essere inclinato a sollevarsi alla prima apparizion dei Francesi; ed allora doveva avverarsi quel motto dell'assemblea ai principi: *Se voi ci mandate la guerra, noi vi manderemo la libertà*. Era questa d'altronde l'esecuzione del disegno di Dumouriez d'estendersi sino ai confini naturali. Rochambeau comandava l'esercito più in grado d'agire; ma non poteva essere incaricato di questa operazione, a causa del suo stato tristo e cagionevole, e specialmente perchè era meno capace di Lafayette d'un invasione mezza militare e mezza popolare. Era desiderio che Lafayette avesse il comando generale, ma Dumouriez si ricusò, senza dubbio per molevoglienza. Allegò per ragione, che non si poteva in presenza d'un maresciallo, dare il comando capitale di questa guerra ad un semplice capitano. Disse inoltre, e questa ragione era meno cattiva, che Lafayette era sospetto ai giacomini e all'assemblea. Certo è che Lafayette, giovine, attivo, e il solo fra tutti i capitani che fosse amato dal suo esercito, spaventava le fantasie effervescenti, e porgeva occasione col suo potere alle calunnie dei malevoli. Comunque sia egli s'offerse di buon grado ad eseguire il disegno del ministro, ad una politico e militare; chiese cinquanta mila uomini, coi quali propose di trarsi, per Namur e la Mosa, fino a Liegi, d'onde doveva esser padrone dei Paesi Bassi. Questo disegno molto bene ideato, fu approvato da Dumouriez; la guerra infatti essendo dichiarata di pochi giorni, l'Austria non aveva avuto tempo di coprire le sue possessioni del Belgio, ed il successo sembrava sicuro. Perlochè Lafayette ebbe ordine di muovere prima con dieci mila uomini da Givet per Namur, e da Namur per Liegi o Bruselle; doveva immediatamente esser seguito da tutto il suo esercito. Mentre eseguiva questa mossa, il luogotenente generale Biron doveva partire per Valenciennes con dieci mila uomini, e dirigersi verso Mons. Un altro ufiziale aveva ordine di muovere per Tournaj, e d'occuparlo subitamente. Questi movimenti, operati da ufiziali di Rochambeau, non avevano altro fine che di sostenere e velare la vera aggressione, affidata a Lafayette.

L'esecuzione del disegno fu fissata dal 20 aprile al 2 maggio. Biron si mise in moto, uscì di Valenciennes, s'impadronì di Quidvrain, e trovò alcuni drappelli nemici presso Mons. Ad un tratto due reggimenti di dragoni, senza neppur aver visto il nemico in viso, gridano: *Siamo traditi!* prendon la fuga, e traggono seco tutto l'esercito. Invano gli ufiziali vogliono trattenerli; minacciano di fucilarli, e seguitano la fuga. Il campo è abbandonato, e tutti gli attrezzi militari son presi dagl'imperiali. Mentre questo fatto seguiva a Mons, Teobaldo Dillou, secondo il disegno convenuto esce di Lilla con due mila uomini d'infanteria, e mille cavalli. All'istess'ora, che seguiva l'infortunio di Biron, la cavalleria, alla vista di poche truppe austriache, piegossi gridando che era tradita; trasse seco l'infanteria, e tutto il bagaglio fu parimente abbandonato al nemico. Teobaldo Dillon, e un ufiziale ingegnere nominato Berthois, furon trucidati dai soldati e dal popolo di Lilla, che gli accusavano di tradimento. In questo mentre Lafayette, avvisato troppo tardi, era giunto da Metz a Givet con pene inaudite, e per vie quasi impraticabili. Doveva all'ardore delle sue genti, d'aver valicato in sì breve tempo lo spazio considerabile che doveva percorrere. Ivi udendo l'infortunio degli ufiziali di Rochambeau, credè di doversi fermare. Questi tristi avvenimenti seguirono negli ultimi giorni d'aprile del 1792.

FINE DEL TOMO SECONDO.

NOTE E DOCUMENTI GIUSTIFICATIVI
DEL TOMO SECONDO

Ho già citato alcuni passi delle Memorie di Ferrières intorno alla prima adunanza degli stati generali. Come nulla più importa, che il dimostrare i veri sentimenti dalla rivoluzione eccitati nei cuori, giudico di dover presentare la descrizione della federazione del medesimo autore. Vedrassi se l'entusiasmo era vero, se era espansivo, e se la rivoluzione era brutta come si è voluto farla parere.

Intanto i federati giungevano da tutte le parti del regno. Erano alloggiati presso i particolari, i quali si facevano solleciti d'offrire Ietti, panni, legni, e tutto quello che poteva contribuire a rendere il soggiorno della metropoli piacevole e comodo. Il municipio prese de' provvedimenti, onde tanta frequenza di stranieri non turbasse la pubblica tranquillità. Dodici mila operai lavoravano senza interruzione a preparare il Campo di Marte. Per quanto fervore si ponesse al lavoro, procedeva lentamente. Era a temere che non potesse esser finito il 14 luglio, giorno irrevocabilmente fissato per la cerimonia, per che era la famosa epoca della sollevazione di Parigi, e della presa della Bastiglia. In tale angustia i distretti invitano, in nome della patria, i buoni cittadini ad ajutar gli operai. Questo invito civico accende tutte le menti; le donne partecipano all'entusiasmo, e il propagano; vedonsi dei seminaristi, degli scolari, delle compagne di vitto, dei certosini invecchiati alla solitudine, abbandonare i lor chiostri, e correre al Campo di Marte colla pala in dosso, portando bandiere adorne di segni patriottici. Quivi tutti i cittadini, misti, confusi, formano immenso e mobile lavorio, ogni punto del quale presenta gruppi variati. L'impudica scapigliata trovasi al fianco della cittadina vereconda, il cappuccino trae il carretto col cavaliere di San Luigi, il facchino collo zerbino del Palazzo reale, la robusta pesciajuola spinge la carretta ripiena dalla donna elegante, e profumata; il popolo agiato, il popolo povero, il popolo vestito, il popolo cencioso, vecchi, fanciulli, commedianti, guardie, commessi, faticando e riposando, attori e spettatori, offrono all'occhio stupefatto uno spettacolo pieno di vita e di moto: taverne ambulanti, botteghe portatili aumentano la vaghezza e la gioia di quella vasta e sublime meraviglia; i canti, le voci a allegrezza, il suono dei tamburi, dei militari istrumenti, quello delle pale, delle carrette, le voci dei lavoratori che si chiamano, si fanno cuore... L'anima sentivasi affievolita sotto il peso di deliziosa beatitudine alla vista d'un popolo intiero tornato ai dolci sentimenti della primitiva fratellanza. Suonate le nove, i gruppi si sciolgono. Ogni cittadino raggiunge il loco ove s'è posta la sua sezione, ritorna alla famiglia, ai suoi conoscenti. Le bande muovono al suon dei tamburi, tornano a Parigi colle torcie innanzi, gettando di tempo in tempo de' sarcasmi contro gli aristocrati, e intonando il famoso canto *Ça ira*.

Giunge finalmente il 14 luglio, giorno della federazione, fra le speranze degli uni, lo spavento ed il terrore degli altri. Se questa gran cerimonia non ebbe il carattere grave ed augusto d'una festa insieme nazionale e religiosa, carattere quasi inconciliabile collo spirito francese, ella offerse quella dolce e viva imagine della letizia e dell'entusiasmo, mille volte più soave. I federati, schierati per dipartimenti sotto ottanta tre bandiere, partirono dal punto della Bastiglia; i deputati delle milizie di linea, delle milizie di mare, la guardia nazionale di Parigi, tamburi, cori di musica, le bandiere delle sezioni, aprivano e chiudevano il corteggio.

I federati tragittarono le vie San Martino, San Dionigi, Sant'Onorato, e giunsero pel Corso-della-regina ad un ponte di battelli fatto sul fiume. Riceverono al loro passaggio le acclamazioni d'immenso popolo, diffuso per le vie, alle finestre delle case, e ai due lati del fiume. La pioggia, che cadeva dirotta, non scompigliò e non fermò il cammino. I federati, d'acqua e di sudore bagnati, giravan carole[1] e gridavano: Vivano i nostri fratelli Parigini! Calavasi loro dalle finestre vino, presciutto, frutta, cervellate; erano ricolmi di benedizioni. L'assemblea nazionale raggiunse il corteggio alla piazza di Luigi XV, e mosse tra il battaglione de' veterani, e quello dei giovani alunni della patria: imagine espressiva, che sembrava accogliere in sè tutte le età, tutti gl'interessi.

Il cammino che conduce al Campo di Marte, era coperto di popolo che batteva le mani e cantava il *Ça ira*. La riva di Chaillot e le alture di Passy presentavano un lungo anfiteatro, ove l'eleganza degli adornamenti, le grazie delle femmine, la leggiadria, rapivano l'occhio, senza lasciargli giudizio alla scelta. Seguitava a cadere la pioggia; niuno pareva avvedersene: il brio francese trionfava e della malvagia stagione, e del malvagio cammino, e della lunghezza del viaggio.

Lafayette, frenando un superbo cavallo, e cinto dei suoi aiutanti di campo, dava ordini, e riceveva omaggi dal popolo e dai federati. Il sudore gli grondava dal volto. Un uomo, che non è conosciuto, apre la folla, fassi avanti con una bottiglia in una mano, ed un bicchiere nell'altra: *Capitano, voi avete caldo, bevete un poco*. Costui alza la bottiglia, empie un bel bicchiere, e lo presenta a Lafayette. Lafayette prende il bicchiere, guarda un momento l'incognito, e beve il vino tutto d'un tiro. Il popolo applaude. Lafayette volge un sorriso di compiacenza e uno sguardo benevolo e fidente alla moltitudine; e questo sguardo par che dica: «Io non nudrirò mai alcun sospetto, non proverò mai alcuna inquietudine, finchè sarò in mezzo di voi.»

---

[1] farandoles. T.

Frattanto più di trecento mila uomini e donne di Parigi e dei contorni, accolti fino dalle sei del mattino al Campo di Marte, stando sopra gradini di gleba formanti immenso circo, bagnati, infangati, aprendo ombrelli contro i fiumi di pioggia che gl'inondavano, tergendosi il volto, racconciando al primo raggio di sole i loro abbigliamenti, aspettavano fra 'l riso e i motteggi i federati e l'assemblea nazionale. Era stato inalzato un vasto anfiteatro pel re, la famiglia reale, gli ambasciatori, e i deputati. I federati arrivati i primi, cominciano a girar carole. I seguenti s'uniscono a loro, e fanno una ruota che presto comprende gran parte del Campo di Marte. Era spettacolo degno dell'osservatore filosofo quella folla d'uomini venuti dalle più remote parti della Francia, tratti dall'impeto del carattere nazionale, cacciare in bando ogni memoria del passato, ogni idea del presente, ogni timore dell'avvenire, immergersi in un lietissimo abbandono; e tre cento mila spettatori d'ogni età, d'ogni sesso, seguire i lor moti, battere il tempo con mano, obliare la pioggia, la fame, e la noia del lungo aspettare. Finalmente tutto il corteggio essendo entrato nel Campo di Marte, cessa la danza; ogni federato va a raggiungere la sua bandiera. Il vescovo d'Autun si prepara a celebrare la messa ad un altare all'antica, alzato in mezzo al Campo. Trecento sacerdoti vestiti di bianchi camici, allacciati con larghe cinture tricolori, si schierano ai quattro angoli dell'altare. Il vescovo d'Autun benedice l'oriafiamma, e le ottanta tre bandiere: intona il *Te Deum*. Mille dugento musici cantano questo cantico. Lafayette alla testa degli ufiziali della milizia parigina, e de' deputati delle squadre di terra e di mare, sale all'altare, e giura in nome delle milizie e dei federati d'esser fedele alla nazione, alla legge, al re. Una scarica di quattro cannoni annunzia alla Francia il giuramento solenne. I mille dugento musici fanno l'aria risuonare di canti marziali. S'agitano l'insegne, e le bandiere, le sciabole sguainate scintillano. Il presidente dell'assemblea nazionale ripete il medesimo giuramento. Il popolo e i deputati rispondono colle grida *giuro*. Allora il re s'alza, e pronunzia con forte voce: *Io, re dei Francesi, giuro d'adoprare l'autorità delegatami dall'atto costituzionale dello stato, per mantenere la costituzione decretata dall'assemblea nazionale, e accettata da me.* La regina prende fra le braccia il delfino, e presentandolo al popolo dice. *Ecco il mio figlio; egli s'unisce, come me, in questi medesimi sentimenti.* Questo moto improvviso fu ricambiato con mille grida di Viva il re, Viva la regina, Viva il delfino! I cannoni seguitavano a mescere i maestosi fragori ai suoni guerrieri de' militari istrumenti, ed alle popolari acclamazioni; il tempo s'era rasserenato: il sole mostravasi in tutto il suo splendore; sembrava che anche l'Eterno bramasse d'essere testimone di questa scambievole obbligazione, e colla sua presenza ratificarla... Sì, la vide, la udì; e i mali spaventevoli, che da quel giorno non hanno cessato di desolare la Francia, sono, o sempre vigile e sempre fedele Provvidenza! il giusto gastigo dello spergiuro. Tu hai colpito e il monarca e i sudditi, che hanno violato il loro giuramento!

L'entusiasmo, e le feste non finirono col giorno della federazione. Il soggiorno de' federati a Parigi fu un corso continuo di conviti, di danze, e d'allegrezze. Andarono novellamente al Campo di Marte; vi bevvero, vi cantarono, vi ballarono. Lafayette fece la mostra d'una parte della guardia nazionale dei dipartimenti, e della milizia di linea. Il re, la regina, e il delfino si trovarono a quella mostra. Vi furono accolti fra le acclamazioni. La regina concedette graziosamente il bacio della mano ai federati, presentò loro il delfino. I federati, prima d'abbandonar la metropoli, andarono a rendere omaggio al re; tutti gli dimostrarono il più profondo rispetto, e la maggior devozione. Il capo dei Bretoni mise un ginocchio a terra, presentando la sua spada a Luigi XVI: «Sire, io vi rendo pura e sacra la spada de' fedeli Bretoni: ella non macchierassi che del sangue de' vostri nemici.» – «Questa spada non può stare in migliori mani di quelle dei miei cari Bretoni, rispose Luigi XVI, sollevando il capo Bretone, e rendendogli la spada; io non ho mai dubitato della loro affezione e fedeltà: dite loro, che io sono il padre, il fratello, l'amico di tutti i Francesi.» Il re, vivamente commosso, stringe la mano del capo dei Bretoni, e l'abbraccia. Una scambievole tenerezza prolunga alcuni istanti questa patetica scena. Il capo dei Bretoni riprendendo il primo la parola: «Sire, tutti i Francesi, se il giudico dai nostri cuori, vi tengono caro, e vi terranno caro per sempre, perchè voi siete un re cittadino.» Anche il municipio di Parigi volle dare una festa ai federati. Vi fu una giostra sul fiume, fuochi d'artifizio, illuminazione, ballo e rinfreschi sulla piazza del grano, ballo sulla piazza della Battaglia. Si leggevano, all'ingresso del recinto, queste parole in grossi caratteri: *Qui si balla*; paragone felice, che d'una maniera maravigliosa contrastava coll'antica imagine d'orrore e di disperazione, che la memoria di quest'odiosa carcere ricordava. Il popolo andava e veniva dall'uno all'altro punto, senza tumulto, senza confusione. La vigilanza, vietando il giro delle carrozze, aveva evitato quegli accidenti sì comuni nelle feste, e tolto l'irrequieto romor dei cavalli, delle ruote, dei gridi di badarsi; romore che affatica, stordisce i cittadini, fa loro temere ad ogni istante d'esser pesti, e dà alla festa più lieta e meglio ordinata, un'apparenza di fuga. Le feste pubbliche sono essenzialmente pel popolo. A lui solo si dee riguardare. Se i ricchi vogliono parteciparne i piaceri, si facciano popolo quel giorno; vi troveranno sensazioni sconosciute; e non turberanno la gioia de' loro concittadini.

Ai Campi Elisi gli animi sensibili goderono con più forte sodisfazione di questa vaga festa popolare. Dei festoni di lumi pendevano da tutti gli alberi, ghirlande di lampadi gli allacciavano gli uni agli altri; piramidi di fuoco collocate a varie distanze spandevano chiaro splendore, che l'alta spessezza delle tenebre dintorno rendeva ancora più vivo col contrasto. Il popolo riempieva i viali, ed i prati. Il cittadino, assiso colla moglie in mezzo ai figliuoli, mangiava, ragionava, si diportava, e sentiva dolcemente la vita. Quivi donzelle e garzoni danzavano al suon di varie orchestre collocate ne' voti che erano stati preparati. Più lungi, alcuni barcaioli in farsetto e mutande, attorniati di gruppi numerosi di cupidi riguardanti, si sforzavano d'arrampicarsi su lunghi alberi spalmati di sapone, per guadagnare il premio dato a colui che togliesse una bandiera tricolore posta sulle cime. Bisognava udire le risa fatte a coloro che si trovavan ridotti ad abbandonare l'impresa, gl'incoraggimenti porti a quei più fortunati o più destri, che sembravano dovere raggiunger la meta... Una dolce gioia, passionata, diffusa su tutti i volti, splendente da tutti gli occhi, rimembrava i lieti piaceri dell'ombre fortunate de' Campi Elisi degli antichi. Le bianche vesti d'una moltitudine di donne, vaganti sotto l'arbori dei be' viali, crescevano ancora il contento.

(*Ferrières, Tomo* II, pag. 89.)

Talleyrand aveva predetto in una maniera notabile le conseguenze economiche della moneta di carta. Nel suo discorso mostra da principio la natura di questa moneta, la distingue colla maggiore chiarezza, e spiega le ragioni della sua prossima decadenza.

L'assemblea nazionale, diss'egli, ordinerà ella una nuova diffusione di due miliardi di moneta d'assegni? S'arguisce di questa seconda diffusione dal successo della prima; ma non si riflette, che i bisogni del commercio dalla rivoluzione arrestato, han dovuto fare accogliere avidamente il nostro primo danaro convenzionale; e questi bisogni eran tali, che io opino, che questo danaro sarebbe stato accolto anche quando non fosse stato forzato: far valere questo primo successo, che non è stato neppure intiero, perchè gli assegni scapitano, in favore d'una seconda e maggior diffusione, è un esporsi a gravi pericoli; poichè l'imperio della legge ha i suoi confini, e questo confine è l'interesse che hanno gli uomini a rispettarla o a romperla.

Certamente gli assegni avranno dei caratteri di sicurezza, che non ha mai avuti nissuna moneta di carta; nissuna sarà stata creata sopra una garanzia tanto preziosa, munita d'un ipoteca tanto solida: son ben lontano dal negarlo. L'assegno, considerato come titolo di credito, ha un valore assoluto e palpabile; il valore dell'assegno è precisamente uguale a quello del fondo che rappresenta; ma tuttavia bisogna convenire prima di tutto, che niuna carta nazionale starà giammai del pari col metallo: giammai il segno supplente del primo segno rappresentativo della ricchezza, avrà l'esatto valore del suo modello; il titolo stesso prora il bisogno, ed il bisogno porta seco timore e diffidenza.

Perchè mai la moneta d'assegno sarà ella sempre inferiore all'argento?

Primieramente perchè dubiterassi sempre della verificazione esatta dell'uguaglianza tra la quantità degli assegni e quella dei beni nazionali; perchè vi sarà incertezza per lungo tempo dell'esecuzione delle vendite; perchè non si vede a qual'epoca due milioni d'assegni, rappresentanti appresso a poco il valore dei fondi, si troveranno estinti; perchè l'argento essendo messo a concorso colla carta, l'uno e l'altra diventano mercanzia; e quanto più una mercanzia è abbondante, più deve perdere di prezzo; perchè coll'argento potrassi sempre far senza assegni, mentre cogli assegni è impossibile di far senza argento; e fortunatamente il bisogno assoluto dell'argento conserverà in circolazione del metallo, perchè l'esserne privi assolutamente, sarebbe il maggiore di tutti i mali.

Più oltre l'oratore seguitando:

Creare una moneta d'assegni, non è certamente rappresentare una mercanzia di metallo, ma unicamente rappresentare la moneta di metallo. Ma la semplice moneta di metallo non può, qualunque idea vi s'annetta, rappresentare ciò che è insieme moneta e mercanzia. La moneta d'assegno, per quanto sicura, per quanto solida possa essere, è dunque un'astrazione della moneta metallica; dunque non è che il segno, libero o forzato, non già della ricchezza, ma semplicemente del credito. Nasce da ciò, che il dare alla carta le funzioni della moneta, facendola, come l'altra moneta, intervenire in tutti gli oggetti dì cambio, è un variare la quantità convenuta per unità, altrimenti chiamata in questa materia *il paragone della moneta;* è operare in un momento quello, che appena operano i secoli in uno stato che arricchisce; e se, per imitare l'espressione d'un savio straniero, la moneta fa, riguardo al prezzo delle cose, la medesima funzione che i gradi, i minuti, i secondi, riguardo agli angoli, o le scale riguardo alle carte geografiche, o piante qualunque, io domando che cosa deve nascere dall'alterazione della comune misura.

Dopo d'aver mostrato che cos'era la nuova moneta, Talleyrand predice con singolar precisione la confusione che ne deriverebbe nei contratti privati:

Ma finalmente seguitiamo gli assegni nel loro cammino, e vediamo qual via dovranno discorrere. Bisognerà dunque che il creditore sodisfatto, compri dei beni cogli assegni, o che li serbi, o che gli adopri in altri acquisti. Se compra dei beni, allora il vostro scopo sarà ottenuto: applaudirei con voi alla creazione degli assegni, perchè non sarebbero sparsi nella circuizione, perchè in breve non avrebber fatto altro che quello, che io vi propongo di fare coi crediti pubblici, conceder facoltà di cambiarli in beni pubblici. Ma se il creditore sospettoso preferisce di perdere i frutti conservando il titolo inerte; o se converte gli assegni in metallo per nasconderlo, o in cedole straniere per trasferirli; e se quest'ultime classi sono molto più numerose della prima; se, in una parola, gli assegni restano lungamente in circolazione prima di venire ad estinguersi nella loro cassa straordinaria; se giungono forzatamente, e restano in mano d'uomini obbligati a riceverli al pari, i quali nulla dovendo ad alcuno, non potranno servirsene che con perdita; se sono il mezzo d'una grande ingiustizia commessa da tutti i debitori verso i creditori anteriori, col dare gli assegni al pari dell'argento, mentre verrà smentito l'effetto ordinato, perchè sarà impossibile di costringere i venditori a prenderli al pari delle monete, senza che aumentino il prezzo delle loro mercanzie a ragione dello scapito degli assegni; allora, quanto questa ingegnosa operazione ingannerà il patriottismo di coloro che nella loro sagacità l'hanno presentata, e con buona fede la difendano; ed a quali inconsolabili amarezze non saremmo noi condannati!

Non si può dire adunque, che l'assemblea costituente abbia pienamente ignorato l'effetto possibile della sua risoluzione; ma a queste previsioni si poteva opporre una di quelle risposte, che non s'ardisce di fare sul momento, ma che sarebbero decisive, e il divengono poi: questa risposta era la necessità; la necessità di provvedere all'erario, e di dividere le proprietà.

Non è possibile, che in un'opera composta collettivamente, e da un gran numero di persone, non vi sia diversità di parere. L'unanimità non seguendo mai, fuorchè su certi punti rarissimi, è necessità che ogni parte sia disapprovata da coloro che hanno votato contro. Quindi ogni articolo della costituzione del 91 doveva trovare dei disapprovatori fra gli autori stessi di tale costituzione; ma non di meno il tutto era opera loro, vera e innegabile. Quello che quivi accadea, era inevitabile in ogni corpo deliberante, e il modo di Mirabeau non era che una soverchieria. Si può dir'anche, che v'era poca delicatezza nel suo procedere, ma bisogna molto scusare in un uomo possente, disordinato, che la moralità dello scopo rendeva correntissimo su quella dei mezzi; dico moralità dello scopo, perchè Mirabeau credeva sinceramente alla necessità d'una costituzione modificata; e benchè la sua ambizione, le piccole rivalità personali contribuissero a allontanarlo dalla parte popolare, egli era sincero nel suo timore dell'anarchia. Altri fuori di lui temevano la corte e l'aristocrazia più del popolo. Così in tutti v'erano, secondo le situazioni, dei timori differenti, e tutti veri. La persuasione varia col modo di giudicare, e la moralità, vale a dire la sincerità, trovasi ugualmente nelle parti più opposte.

NOTA 4, PAGINA 42

Ferrières, testimone oculare degl'intrighi di quest'epoca, riferisce egli stesso quelli usati per impedire il giuramento dei preti. Questa pagina mi sembra troppo caratteristica per non esser citata:

I vescovi e i rivoluzionari s'agitarono e intrigarono; gli uni per far prestare il giuramento, gli altri per impedire che fosse prestato. Le due parti sentivano l'influenza che avrebbe nelle provincie la condotta che terrebbero gli ecclesiastici dell'assemblea. I vescovi si raccostarono ai loro parrochi, i devoti e le devote si misero in moto. Tutte le conversazioni non si rivolgevano più che sul giuramento del clero. Si sarebbe detto che il destino della Francia, e la sorte di tutti i Francesi, dipendesse dalla sua prestazione o nò. Gli uomini più liberi nelle loro opinioni religiose, le donne più perdute di costume, si fecero ad un tratto severi teologi, missionari ardenti della purità e dell'integrità della fede romana.

Il *Giornale di Fontenay*, l'*Amico del re*, la *Gazzetta di Durosoir*, adoprarono le loro armi ordinarie, l'esagerazione, la menzogna, la calunnia. Fu sparsa una moltitudine di scritti, nei quali la costituzione civile del clero era trattata di scismatica, d'eretica, di distruttrice della religione. Le devote smerciavano degli scritti da una casa all'altra; pregavano, scongiuravano, minacciavano, secondo le inclinazioni, e gli umori. Monstravasi agli uni il clero trionfante, l'assemblea disciolta, gli ecclesiastici prevaricatori spogliati de' loro benefizi, racchiusi in case di correzione; gli ecclesiastici fedeli ricoperti di gloria, ricolmi di ricchezze. Il papa star per lanciare le sue folgori sovra un'assemblea sacrilega, e sovra sacerdoti apostati. E i popoli privati de' sacramenti solleverebbonsi, le potenze straniere entrerebbero in Francia, e l'edifizio d'iniquità e di scelleraggine crollerebbe dai suoi fondamenti.

(*Ferriéres, Tomo II, pagina* 198.)

Froment riferisce il fatto seguente nel suo scritto altrove citato.

In questa situazione i principi proponevano di formare dentro il regno, subito che il potessero, delle legioni di tutti i fedeli sudditi del re, per servirsene fino al momento che le truppe di linea fossero interamente riordinate. Desideroso di stare alla testa de' regj, che aveva diretto e comandato nel 1789 e 1790, scrissi a sua altezza reale il conte d'Artois per supplicarla di concedermi un diploma di comandante colonnello, concepito in maniera, che ogni regio il quale come me riunisse sotto i suoi ordini un numero sufficiente di veri cittadini per formare una legione, potesse sperare d'ottenere l'istesso favore. Sua altezza il conte d'Artois applaudì al mio pensiero ed accolse la domanda con favore; ma i membri del consiglio non furono del suo avviso: parve loro così strano, che un cittadino pretendesse ad un diploma militare, che un d'essi mi disse dispettosamente: *Perchè non domandate un vescovado!* Io non risposi all'osservazione che con un croscio di risa, che disturbarono un poco la sua gravità. Tuttavia la questione fu nuovamente agitata presso de Flachslanden; i deliberatori furono d'avviso di nominare questi nuovi corpi *legioni cittadine.* Feci loro osservare: «Che sotto questo nome essi rifarebbero semplicemente le guardie nazionali; che i principi non potrebbero farle muovere per tutto ove fosse bisogno, perchè pretenderebbero di non esser tenute a difendere che le loro magioni; che era da temere, che i faziosi non pervenissero a metterle alle prese colle truppe di linea; che con vani motti questi avevano armato il popolo contro i depositari della pubblica autorità; che sarebbe dunque più prudente di seguire il loro esempio, e di dare a questi nuovi corpi il nome di *milizie reali*; che...»

Il vescovo d'Arras interrompendomi bruscamente, mi disse: «Nò signore, nò signore, ci vuol del *cittadino* nel vostro diploma;» ed il barone de Flachslanden che lo scrisse, vi mise *cittadino*.

(*Raccolta di diversi scritti intorno alla rivoluzione, pagina* 62.)

NOTA 6, PAGINA 62

Ecco dei particolari sul ritorno da Varennes, che madama Gampan sapeva dalla bocca stessa della regina.

Fin dal giorno del mio arrivo, la regina mi fece entrare nel suo gabinetto, per dirmi che avea gran bisogno di me per relazioni che avea stabilite con Barave, Duport, e Alessandro Lameth. Ella mi disse, che J*** era il suo mediatore con questi avanzi della parte costituzionale, i quali avevano delle buone intenzioni, sventuratamente troppo tardi, e mi disse che Barnave era uomo degno di inspirare della stima. Rimasi attonita all'udir pronunziare il nome di Barnave con tanta benevolenza. Quando aveva lasciato Parigi, un gran numero di persone non ne parlavano che con orrore. Io le feci questa osservazione; ella non se ne meravigliò, ma mi disse che era molto cangiato; che questo giovine, pieno di ingegno e di nobili sentimenti, apparteneva a quella classe distinta per educazione, e soltanto traviata dall'ambizione che fa nascere il vero merito. «Un sentimento d'orgoglio, che non potrei biasimare abbastanza in un giovine del terzo stato, diceva la regina favellando di Barnave, gli ha fatto applaudire a tutto ciò che apriva il cammin degli onori e della gloria alla classe nella quale è nato: se giammai la potenza tornasse in nostre mani, il perdono di Barnave è scritto fin d'ora ne' nostri cuori.» La regina aggiungeva, che non era l'istesso de' nobili che si eran gettati nel partito della rivoluzione, d'essi che ottenevano tutti i favori, e sovente a danno delle persone d'ordine inferiore, tra le quali si trovavano maggiori ingegni; che al fine i nobili, nati per essere il baluardo della monarchia, eran troppo colpevoli d'aver tradito la sua causa per meritare perdono. La regina mi stupiva sempre più per lo calore col quale giustificava l'opinione favorevole da lei concetta di Barnave. Allora mi disse, che il suo contegno nel viaggio era stato eccellente, mentre la ruvidezza repubblicana di Pétion era stata oltraggiosa; che questo mangiava e beveva nella berlina del re senza costumatezza, buttando via l'ossa de' polli dallo sportello a rischio di buttarli nel viso del re; alzando il bicchiere senza dir motto, quando Madama Elisabetta gli mesceva del vino, per indicare che non ne voleva più; che questo tratto offensivo era meditato, perchè egli avea ricevuto dell'educazione; che Barnave n'era' rimasto disgustato. Pressato questo dalla regina a prendere qualche cosa: «Madama, rispose Barnave, i deputati dell'assemblea nazionale, in una circostanza così solenne, non devono occupare le Vostre Maestà che della loro missione, e non dei loro bisogni.» Finalmente i suoi rispettosi riguardi, le sue attenzioni delicate, e tutte le sue parole, avevano guadagnato non solo la sua benevolenza, ma ancora quella di Madama Elisabetta.

Il re aveva cominciato a parlare a Pétion della condizione della Francia, e delle ragioni della sua condotta, le quali erano fondate sulla necessità di dare al potere esecutivo la forza necessaria alla sua azione, anche per lo bene del Patto costituzionale, poiché la Francia non poteva essere repubblica... «Ancora nò, è vero, rispose Pétion, perchè i Francesi non sono ancora maturi per quella.» Quest'audace e cruda risposta impose silenzio al re, che serbollo fino al suo arrivo a Parigi. Pétion teneva fra le ginocchia il picciolo delfino; piacevasi a ravvolgere tra le dita i bei biondi capelli dell'amoroso fanciullo, e parlando con gesto tirava forte le anella dei capelli per farlo strillare... «Datemi mio figlio, disse lui la regina; è avvezzo a delle attenzioni, a de' riguardi, per

cui poco s'accomoda a tanta familiarità.»
Il cavalier de Dampierre era stato ucciso accanto alla carrozza del re, uscendo di Varennes. Un povero curato di villaggio, a poche leghe dal posto ore era stato commesso il delitto, ebbe l'imprudenza d'accostarsi per favellare al re; i cannibali che circondavano la carrozza, si scagliano sopra di lui. «Tigri, gridò loro Barnave, avete cessato d'esser Francesi? Nazion di prodi, siete divenuti popolo d'assassini?...» Queste sole parole salvarono da morte certa il curato già atterrato. Barnave, profferendole, s'era quasi gettato fuori dello sportello, e madama Elisabetta, mossa dal nobil impeto, lo riteneva pel vestito. La regina diceva, parlando di questo fatto, che ne' momenti delle maggiori estremità le corsero sempre bizzarri contrasti, e che, in questa occasione, la pietosa Elisabetta, ritenendo Barnave per la falda del vestito, erale sembrata la cosa la più sorprendente. Il deputato aveva provato un altro genere di meraviglia. Le discussioni di madama Elisabetta sulla situazione della Francia, la sua dolce e persuasiva eloquenza, la nobile semplicità colla quale trattava con Barnave senza punto allontanarsi dalla dignità, tutto a lui parve celeste in quella divina principessa, ed il suo cuore certamente inclinato a nobili sentimenti se non avesse seguito il cammin dell'errore, fu vinto dalla più tenera ammirazione. La condotta de' due deputati fece conoscere alla regina la separazione totale tra la parte repubblicana, e la parte costituzionale. Negli alberghi ove si fermava, ell'ebbe alcune conferenze particolari con Barnave. Questo parlò molto de' falli de' regj nella rivoluzione, e disse che aveva veduto gl'interessi della corte sì fievolmente e sì malamente difesi, che molte volte era stato tentato d'offrirle un atleta coraggioso, che conoscesse lo spirito del secolo e quello della nazione. La regina gli domandò quali sarebbero stati i mezzi che le avrebbe consigliato d'usare. – «La popolarità, madama. – E come poteva io averne? riprese sua maestà; m'era stata tolta. – Ah! madama, era molto più facile a voi di conquistarla, che a me d'ottenerla.» Questa asserzione darebbe materia a cemento; io mi

fermo a riferire questa curiosa conferenza.»

(*Memorie di madama Campan, Tomo II, pagina* 150 *e seguenti.*)

NOTA 7, PAGINA 64

Ecco la risposta medesima, opra di Barnave, e modello di ragione, di destrezza, e di dignità.

Io vedo, signori, disse Luigi XVI a' commissari, dall'oggetto della missione che vi è affidata, che qui non si tratta d'un interrogatorio; così io voglio bene rispondere al desiderio dell'assemblea. Non temerò mai di render pubbliche le ragioni della mia condotta. Gli oltraggi e le minaccie fatte alla mia famiglia ed a me, il 18 d'aprile, sono la causa della mia partenza da Parigi. Molti scritti han cercato d'eccitar violenze contro la mia persona, e contro la mia famiglia. Ho creduto che non vi fosse più sicurezza nè decoro per me a restare più lungamente in questa città. La mia intenzione non è mai stata d'abbandonare il reame; non ho avuto nissun'accordo su questo proposito, nè colle potenze straniere, nè coi miei parenti, nè con alcuno dei Francesi emigrati. Posso addurre, per prova delle mie intenzioni, che a Montmédy erano stati preparati gli alloggi per ricevermi. Aveva scelto questa piazza, perchè essendo fortificata, la mia famiglia vi sarebbe più sicura; e perchè essendo vicino al confine, sarei stato più in grado d'oppormi ad ogni sorta d'invasione in Francia, che si fosse voluta tentare. Una delle mie principali cagioni, lasciando Parigi, era di far cadere l'argomento della mia mancanza di libertà; la quale poteva porgere occasione alle turbolenze. Se avessi avuto l'intenzione d'uscire del regno, non avrei pubblicato la mia memoria il giorno medesimo di mia partenza; avrei aspettato d'esser fuori de' confini; ma io conservava sempre il desiderio di tornare a Parigi. In questo senso deve intendersi l'ultima frase della mia memoria, nella quale è detto: Francesi, e voi specialmente o Parigini, qual piacere non proverò io di ritrovarmi in mezzo di voi!... Non aveva nel mio legno che tremila luigi d'oro, e cinquantasei mila lire d'assegni. Non ho avvisato Monsignore della mia partenza, che poco tempo avanti. Egli non è passato in paese straniero, se non perchè, era convenuto meco che non facessimo la medesima via: egli dovea tornare in Francia presso di me. Il passaporto era necessario per facilitare il viaggio; e non era stato indicato per paese straniero, se non perchè all'ufizio degli affari stranieri non se ne fanno per l'interno del regno. La via di Francfort non è stata nemmeno seguita. Io non ho fatto nissuna protesta, fuorchè nella memoria che ho lasciato avanti di partire. Questa memoria non verte, come il mostra il suo contento, sul fondo de' principii della costituzione, ma sulla forma delle sanzioni, vale a dire sulla poca libertà di cui io pareva godere, e sulla ragione che i decreti non essendomi stati presentati in complesso, io non poteva giudicare del tutto della costituzione. Il principale rimprovero contenuto nella memoria, si referisce alle difficoltà dei mezzi d'amministrazione e d'esecuzione. Ho riconosciuto nel mio viaggio, che l'opinione pubblica era decisa in favore della costituzione; io non credeva di poter giudicare pienamente la pubblica opinione a Parigi; ma nelle cognizioni che ho raccolto personalmente nel viaggio, mi sono persuaso quanto sia necessario al sostegno della costituzione, di dar forza ai poteri stabili per mantenere l'ordine pubblico. Subito che ho riconosciuto la volontà generale, io non ho esitato, come non ho esitato giammai a fare il sacrificio di quanto mi è personale. La felicità del popolo è sempre stata il segno dei miei desideri. Oblierei volentieri tutti i disgusti che ho provato, se potessi assicurare la pace e la felicità della nazione.

NOTA 8, PAGINA 72

Bouillé aveva per intimo amico il conte de Gouvernet; e comunque la loro opinione non fosse appunto la stessa, si professavano molta stima l'uno per l'altro. Bouillé che poco risparmia i costituzionali, s'esprime nel modo più onorevole riguardo a Gouvernet, e sembra concedergli piena fiducia. Per dare, nelle sue memorie, un'idea di ciò che accadeva a quell'epoca nell'assemblea, egli cita la lettera seguente scrittagli dal conte de Gouvernet, li 26 agosto 1791:

Io v'aveva dato delle speranze, che non ho più. Questa costituzione fatale, che doveva essere riveduta, migliorata, nol sarà più. Resterà quello che è, un codice d'anarchia, un fonte di calamità; e la nostra stella malaugurata fa sì, che al momento in cui i democratici stessi sentivano una parte de' loro torti, gli aristocratici son quelli che negando loro il proprio sostegno, s'oppongono al rimedio. Per informarvi, per giustificarmi in faccia a voi d'avervi dato forse una falsa speranza, bisogna riprendere le cose di più addietro, e dirvi tutto quello che è accaduto, giacchè ora ho un'occasione sicura di scrivervi.

Il giorno della partenza del re, e il giorno dopo, i due lati dell'assemblea stettero osservando i loro movimenti scambievoli. La parte popolare era molto scoraggiata; la parte regia molto inquieta. La menoma imprudenza poteva destare la furia del popolo. Tutti i membri del lato destro si tacquero, e quelli del lato sinistro lasciarono ai loro capi la proposizione dei provvedimenti, che chiamarono di *sicurezza*, e che non furono contradetti da alcuno. Il secondo giorno dopo la partenza, i giacomini si fecero minacciosi, e i costituzionali moderati. Questi erano allora, e sono ancora assai più numerosi de' giacomini. Parlarono d'accomodamento, di deputazione al re. Due di loro proposero a Malouet delle conferenze che dovevano aprirsi il giorno dipoi; ma si seppe l'arresto del re, e non ne fu più parlato. Tuttavia le loro opinioni essendosi mostrate, si videro per questo più che mai separati dagli arrabbiati. La mutazione di Barnave, il rispetto da lui dimostrato al re e alla regina, mentre il feroce Pétion ingiurava alle loro sventure, la riconoscenza che le loro maestà esternarono a Barnave, han cangiato in qualche guisa il cuore di questo giovine, fino allora spietato. È, come voi sapete, il più capace, ed uno de' più potenti della sua parte. Egli avea dunque raccolto intorno a se i quattro quinti del lato sinistro, non solo per salvare il re dal furore de' giacomini, ma per rendergli una parte della sua autorità, e porgergli ancora i mezzi di difendersi all'avvenire, tenendosi sulla linea costituzionale. Circa quest'ultima parte del disegno di Barnave, non erano al segreto che Lameth, e Duport; perchè la turba costituzionale ispirava loro ancora troppa inquietudine, per esser sicuri della pluralità dell'assemblea senza contare sul lato destro; e credevano di poter fidare su questo, quando nella revisione della loro costituzione consentissero più latitudine alla regia autorità.

Tal'era la condizione delle cose allorché vi scrissi. Ma benché io fossi persuaso della mala accortezza degli aristocrati, e della loro mancanza continua di senno, io non prevedeva ancora fin dove potessero giungere.

Quando s'intese la nuova dell'arresto del re a Varennes, il lato destro, ne' consigli segreti, decise di non votar più, e di non prender più nissuna parte alle deliberazioni, nè alle discussioni dell'assemblea. Malouet non fu di questo avviso. Rappresentò loro, che finchè la sessione durasse e che v'assistessero, essi avevano l'obbligo d'opporsi efficacemente alle risoluzioni contrarie all'ordine pubblico e a' principii fondamentali della monarchia. Tutte le sue premure furono inutili; rimasero nella loro risoluzione, e prepararono segretamente un atto di protesta contro tutto quello che era stato fatto. Malouet protestò di voler continuare a protestare alla tribuna, ed a fare apertamente tutti gli sforzi per impedire il male. Egli mi ha detto, che non aveva potuto riunire al suo avviso, che da trentacinque a quaranta membri del lato destro; e che molto temeva, che questa funesta risoluzione de' regi più zelanti non partorisse le più funeste conseguenze.

Le inclinazioni generali dell'assemblea erano allora sì favorevoli al re, che mentre riconducevasi a Parigi, Thouret essendo salito alla tribuna per stabilir la maniera con cui il re dovesse custodirsi (io era all'adunanza), il maggior silenzio regnò nella sala e nelle gallerie. Quasi tutti i deputati, anche del lato sinistro, avevano un'aria di scoraggimento udendo leggere quel decreto fatale; ma nissuno parlava. Il presidente era per mandarlo ai suffragi; ad un tratto alzasi Malouet, e con dignità esclama: – Che fate, o signori? Dopo avere arrestato il re si propone di costituirlo prigione con un decreto! Ove vi condurrà questo passo? Ci pensate voi? Voi ordinereste la prigionia del re! – *No! no!* gridarono molti membri del lato sinistro levandosi in tumulto; *noi non intendiamo che il re sia prigione*; ed il decreto era per essere rigettato quasi all'unanimità, quanta Thouret affrettossi d'aggiungere: – L'oratore ha mal compreso il senso e lo scopo del decreto. Noi non abbiamo più di lui l'idea d'imprigionare il re; noi proponiamo dei provvedimenti per la sua sicurezza e per quella della famiglia reale.» E solamente dopo questa dichiarazione il decreto passò, quantunque la prigionia sia divenuta verissima, e si prolunghi ancora senza pudore.

Alla, fine di luglio i costituzionali, che sospettavano della protesta del lato destro, senza però averne certezza, seguivano fiaccamente il loro disegno di revisione. Temevano più che mai i giacobini e gli aristocrati. Malouet si rese alla loro deputazione di revisione. Parlogli da principio come ad uomini, ai quali non fosse nulla da dire sui pericoli e su i vizi della loro costituzione; ma trovolli meno inclinati alle grandi riforme. Essi temevano di perdere la loro popolarità. Target e Duport argomentarono contro di lui, per difendere l'opera loro. Trovò il giorno dopo Chapelier e Barnave, che prima sdegnosamente rifiutarono di rispondere alle sue interpellazioni, e alfine si prestarono al sistema di attacco, di cui egli era per correre tutti i rischi. Propose di discutere, nell'adunanza del dì 8, tutti i punti principali della costituzione, e di dimostrarne tutti i difetti. «Voi, signori, disse loro, rispondetemi; caricatemi prima del vostro sdegno; difendete l'opra vostra con vantaggio sugli articoli meno pericolosi, anche sulla maggior parte dei punti ai quali sarà rivolto il mio biasimo; e circa a quelli, che avrò notato come antimonarchici, come impedienti l'azione del governo, dite allora che nè l'assemblea, nè la deputazione non avevan bisogno delle mie osservazioni in proposito; che voi già intendevate di proporne la riforma, e proponetela all'istante. Credete, che questo è forse il nostro solo rimedio per conservare la monarchia, e tornare a restituirle col tempo tutti i sostegni che a lei sono necessari.» Così fu convenuto; ma essendosi conosciuta la protesta del lato destro, e la sua risoluzione di non più votare togliendo ogni speranza ai costituzionali di riuscire ne' loro disegni di revisione contrariati dai giacobini con tutte le forze, vi renunziarono. Malouet, che non aveva avuto con essi comunicazioni regolari, fece nonostante l'attacco. Assalì solennemente l'atto della costituzione come antimonarchico, e come d'impraticabile esecuzione su molti punti. Lo sviluppo delle sue ragioni cominciava a far grave impressione, allorchè Chapelier, che non sperava più nulla dall'esecuzione della convenzione, la ruppe, gridando alla bestemmia, interrompendo l'oratore, e domandando che fosse fatto scendere dalla tribuna; così fu ordinato. Il giorno dopo confessò che avea torto; ma disse che esso e i suoi avevano perduto ogni speranza; dal momento in cui non vi fu più da attendere alcun soccorso dal lato destro.

Bisognava pur farvi questa lunga istoria, perchè non perdeste ogni fiducia ne' miei pronostici. Essi presentemente son tristi; il male è estremo; e per ripararvi io non vedo nè dentro nè fuori che un solo rimedio, l'unione della forza alla ragione.

(*Memorie di Bouillé, pagina* 282 *e seguenti.*)

Il ministro Bertrand de Molleville ha fatto conoscere le disposizioni del re e della regina al cominciare della prima legislatura, in una maniera che lascia pochi dubbi sulla loro sincerità. Ecco come racconta il suo primo colloquio con quegli augusti personaggi:

Dopo d'avere risposto ad alcune osservazioni generali che io aveva fatte sulla difficoltà delle cose, e su i falli senza numero che poteva commettere in una amministrazione che non conosceva, il re mi disse: «Ebbene! vi resta ancora qualche difficoltà? – Nò, sire; il desiderio d'obbedire e di piacere a vostra maestà, è la sola passione che io provo; ma per sapere se io posso confidare di servirla utilmente, sarebbe necessario che avesse la bontà di farmi conoscere qual'è il suo disegno riguardo alla costituzione, qual'è la condotta; che brama che tengano i suoi ministri. – È giusto, rispose il re: io non riguardo questa costituzione di gran lunga come un capo d'opera; credo che vi siano de' gran difetti, e che se avessi avuto la libertà di dirigere delle osservazioni all'assemblea, ne sarebbero derivate delle riforme utilissime; ma ora non è più tempo; e io l'ho accettata com'è; ho giurato di farla eseguire, devo essere strettamente fedele al mio giuramento, tanto più che credo che l'esecuzione la più esatta della costituzione sia il mezzo più sicuro di farla conoscere alla nazione, e di farle vedere le mutazioni che è opportuno di farvi. Io non ho e non posso avere altro sistema che questo; non me n'allontanerò certamente, e desidero che i ministri vi s'uniformino. – Sire, questo sistema mi sembra infinitamente saggio; mi sento in grado d'eseguirlo, e ne prendo l'impegno. Non ho studiato abbastanza la nuova costituzione nel suo intiero o nelle sue parti per formarmi un'opinione decisa, e m'asterrò d'abbracciarne una qualunque, avanti che la sua esecuzione abbia messo in grado la nazione di giudicarla dai suoi effetti. Ma sarebb'egli lecito di domandare a vostra maestà, se l'opinione della regina su questo punto è conforme a quella del re? – Sì, assolutamente, ella ve lo dirà da se stessa.»

Discesi presso la regina, che dopo avermi dimostrato con estrema bontà quanto ella dividesse la riconoscenza, che il re mi dimostrava d'accettare il ministero in tempi così difficili, aggiunse queste parole: «Il re v'ha fatto conoscere le sue intenzioni riguardo alla costituzione; non credete voi, che il solo sistema da seguire, sia d'esser fedele al propio giuramento? – Sì, certamente, madama. – E bene! state pur sicuro che niente ci farà cambiare. Or via, Bertrand, coraggio; io spero, colla pazienza, colla fermezza, e colla perseveranza, che tutto non è ancora perduto.»

(Bertrand de Molleville, Tomo VI, pagina 22.)

Alla testimonianza di Bertrand de Molleville s'aggiunge quella di madama Campan; la quale, quantunque alcuna volta sospetta, in questa occasione ha molta sembianza di verità.

La costituzione era stata presentata al re, come ho detto, il 13 settembre; io torno su questa presentazione, perchè ella offriva un soggetto molto importante di deliberazione. Tutti i ministri, fuorché Montmorin, decisero della necessità d'accettare la costituzione nella sua integrità. Tale fu pure l'avviso del principe di Kaunitz. Malouet desiderava che il re si spiegasse sinceramente su i difetti e su i pericoli che osservava nella costituzione. Ma Duport e Barnave, spaventati dallo spirito dominante nella società dei giacobini, ed anche nell'assemblea, ove Robespierre aveali già denunziati come traditori alla patria, e per timore di gravi mali, unirono il loro avviso a quello della maggior parte de' ministri, e di Kaunitz. Coloro che volevano francamente osservare la costituzione, consigliavano di non accettarla puramente, e semplicemente; di questo numero erano, come ho detto, Montmorin, e Malouet. Il re pareva pendere pel loro avviso, e questa è una delle maggiori prove della sincerità dello sventurato monarca.

(*Memorie di madama Campan, Tomo II, pagina* 161.)

NOTA 10, PAGINA 86

Madama Campan s'è data cura di farci sapere, che il re aveva una corrispondenza secreta con Coblenza.

Mentre i corrieri portavano lettere confidenziali del re ai principi suoi fratelli ed ai principi stranieri, l'assemblea fece invitare il re a scrivere ai principi per farli ritornare in Francia. Il re incaricò l'abate di Montesquiou di fargli la lettera che voleva mandare. Questa lettera, egregiamente scritta, di stile tenero e semplice, accomodata al carattere di Luigi XVI, e piena di fortissimi argomenti sull'utilità di ristringersi ai principii della costituzione, mi fu dal re affidata, incaricandomi di fargliene una copia.

In quest'epoca, Mor..., uno degli intendenti della casa di Monsignore, ottenne un passaporto dall'assemblea per condursi presso del principe, a causa d'un lavoro indispensabile per la sua casa. La regina lo scelse per portare la lettera; volle consegnargliela da sè medesima, e gliene disse il motivo. La scelta di questo corriere mi sorprese: la regina m'assicurò che era ottimo, che fidava anche nella sua imprudenza, e che era essenziale soltanto che si conoscesse la lettera del re ai suoi fratelli. *I principi erano senza dubbio prevenuti per la corrispondenza particolare.* Monsignore non ostante mostrò qualche sorpresa; e il messaggiero tornò più dolente che sodisfatto d'un tal segno di fiducia, che temè gli costasse la vita negli anni del terrore.

(Memorie di madama Campan, Tomo II, pagina 172.)

Lettera del re a Luigi Stanislao Saverio,
principe francese, fratello del re.

Parigi, 11 novembre 1791.

Vi ho scritto, mio fratello, il 16 ottobre ultimo, e voi non potete dubitare delle mie vere intenzioni. Son sorpreso che la mia lettera non abbia prodotto l'effetto che doveva sperarne. Per richiamarvi ai vostri doveri, ho spiegato tutte le ragioni che devono muovervi maggiormente. La vostra assenza è un pretesto per tutti i malevoli, una specie di scusa per tutti i Francesi ingannati, che credono servirmi tenendo la Francia intiera in una inquietudine ed in una agitazione che fanno il tormento della mia vita. La rivoluzione è finita, la costituzione è compita, la Francia la vuole, io la conserverò: dalla sua consolidazione dipende ora la salute della monarchia. La costituzione vi ha dato de' diritti; ma vi ha messo una condizione, che voi dovete esser sollecito d'adempiere. Credetemi, fratello, discacciate i dubbi che vi vorrebbero dare a credere sulla mia libertà. Io voglio provare con un atto solennissimo, ed in una occasione che vi riguarda, che posso agire liberamente. Mostratemi che voi siete fratello e Francese, col cedere alle mie premure. Il vostro vero posto è presso di me, il vostro interesse, i vostri sentimenti vi consigliano del pari a venire a riprenderlo; io v'invito, e se bisogna, ve lo comando.

Segnato LUIGI.

Risposta di Monsignore al re.

Coblenza, 3 dicembre 1791.

Sire, mio fratello e signore,

Il conte di Vergennes m'ha consegnato da parte di vostra maestà una lettera, il cui indrizzo quantunque vi si trovano i miei nome di battesimo, è tanto differente dal mio, che ho pensato di rendergliela senza aprirla. Non ostante, sulla sua positiva asserzione che era per me, l'ho operta, e il nome di fratello che v'ho trovato, non avendomi più lasciato alcun dubbio, l'ho letta con quel rispetto che devo allo scritto e alla firma di vostra maestà. L'ordine che ella contiene di rendermi presso la persona di vostra maestà, non è la libera espressione della sua volontà; e l'onore, il dovere, l'affetto eziandio, ugualmente mi vietano d'obbedire. Se vostra maestà vuol conoscere tutte queste ragioni più in particolare, la prego di rammentarsi la mia lettera del 10 settembre ultimo. La prego anche di ricevere con bontà l'omaggio de' teneri e rispettosi sentimenti, co' quali sono, sire, ec., ec., ec.

Lettera del re a Carlo Filippo, principe francese, fratello del re.

Parigi, 11 novembre 1791.

Voi conoscete sicuramente il decreto dell'assemblea nazionale riguardo ai Francesi allontanati dalla patria; io non credo di dovervi dare il mio consenso, amando a persuadermi che le vie di dolcezza raggiungano meglio lo scopo proposto, reclamato dall'interesse dello stato. Le diverse premure che ho fatto verso di voi, non possono lasciarvi alcun dubbio sulle mie intenzioni, nè sulle mie brame. La pubblica tranquillità, ed il mio personale riposo, hanno interesse al vostro ritorno. Voi non potete prolungare una condotta, che inquieta la Francia e m'affligge, senza mancare ai vostri più essenziali doveri. Risparmiatemi il dolore di ricorrere a dei provvedimenti forti contro di voi; consultate il vostro vero interesse; lasciatevi guidare dall'affetto che voi dovete al vostro paese, e cedete finalmente alla brama dei Francesi, ed a quella del vostro re. Questo passo sarà, da parte vostra, una prova dei vostri sentimenti verso di me, e v'assicurerà la continuazione di quelli che ho sempre nudrito per voi.

Segnato LUIGI.

Risposta del Conte d'Artois al re.

Coblenza, 3 dicembre 1791.

Sire, mio fratello e signore,

Il conte di Vergennes mi consegnò ieri una lettera, che m'ha assicurato essermi mandata da vostra maestà. La soprascritta, che mi dà un titolo che non posso approvare, m'ha fatto credere che questa lettera non fosse diretta a me; non ostante avendo riconosciuto il sigillo di vostra maestà, l'ho aperta, ed ho rispettato lo scritto e la firma del mio re; ma l'omissione totale del nome di fratello, e più di tutto le decisioni rammentate in quella lettera, m'hanno dato una prova novella della morale e fisica cattività, in cui i nostri nemici ardiscono di ritenere vostra maestà. Secondo quanto esprimo, vostra maestà troverà naturale, che fedele al mio dovere e alle leggi dell'onore, non obbedisca a ordini evidentemente carpiti per violenza.

Al più, la lettera che ho avuto l'onore di scrivere a vostra maestà unitamente a Monsignore li 10 settembre ultimo, contiene i sentimenti, i principii, e le risoluzioni, da cui non devierò giammai; a quella dunque assolutamente mi referisco; ella sarà la base della mia condotta, e ne rinnuovo qui il giuramento. Supplico vostra maestà di ricevere l'omaggio dei teneri e rispettosi sentimenti, coi quali sono, sire, ec., ec., ec.

La relazione di Gallois e Gensonné è senza contrasto la migliore storia del principio delle turbolenze della Vandea. L'origine di queste turbolenze è la parte più interessante, perchè ne fa conoscere le cause. Ho creduto perciò necessario di citare questa relazione. Mi sembra che schiarisca una delle parti più curiose di quella storia funesta.

Relazione di Gallois e Gensonné, commissari civili mandati nei dipartimenti della Vandea e delle Due Sèvre in virtù di decreti dell'assemblea costituente, presentata all'assemblea legislativa il 6 ottobre 1791.

Signori, l'assemblea nazionale ha decretato il 16 luglio scorso, sulla relazione della sua deputazione di ricerche, che fosser mandati dei commissari civili nel dipartimento della Vandea per raccogliervi tutti gli schiarimenti che potessero procurarsi sulle cause dell'ultime turbolenze di quel paese, e per sovvenire, coi corpi amministrativi, al ritorno della pubblica tranquillità.

Il 23 luglio noi siamo stati incaricati di questa missione, e partimmo, due giorni appresso, per Fontenay-le-Comte, luogo capitale del dipartimento.

Dopo aver conferito per alcuni giorni cogli amministratori della direzione sulla condizione delle cose, e sulla disposizione degli animi; dopo aver preso, insieme coi tre corpi amministrativi, alcuni provvedimenti preliminari per la conservazione dell'ordine pubblico, abbiamo risoluto di trasferirci nei diversi distretti che compongono il dipartimento, per esaminare quello che vi fosse di vero o di falso, di reale o d'esagerato nelle lagnanze che ci erano già pervenute, per verificare in breve colla maggiore esattezza possibile la situazione di questo dipartimento.

Noi l'abbiamo percorso in quasi tutta la sua estensione, quando per prendere schiarimenti che ci erano necessari, quando per mantenervi la pace, prevenire le pubbliche turbolenze, o impedire le violenze di che alcuni cittadini si credevano minacciati.

Abbiamo sentito, in molte direzioni di distretto, tutti i municipii di cui ciascuno è composto; abbiamo ascoltato con fedele attenzione tutti i cittadini, che avevano o a comunicarci dei fatti, e a proporci dei consigli; abbiamo raccolto attentamente, e confrontato tutti i ragguagli che son giunti a nostra cognizione; ma come le informazioni sono state più numerose che variate; come per tutto i fatti, i lamenti, le rimostranze sono state somiglianti, noi vi presentiamo sotto un aspetto generale ed in una maniera ristretta ma esatta, la somma di questa moltitudine di fatti particolari.

Crediamo inutile di mettervi sott'occhio i particolari che ci siam procurati a riguardo delle turbolenze anteriori; non ci sono sembrati avere influenza assai diretta sulla condizione presente del dipartimento; inoltre la legge d'indulto avendo arrestato la continuazione de' differenti processi ai quali le turbolenze avevan dato cagione, non potremmo presentarvi su questa materia altro che congetture vaghe, ed incerti resultamenti.

L'epoca della prestazione del giuramento degli ecclesiastici, è stata, per lo dipartimento della Vandea, la prima epoca delle sue turbolenze; fin'allora il popolo aveva goduto della massima tranquillità. Lontano dal centro comune di tutti gli affari e di tutte le opposizioni, inclinato per indole naturale all'amor della pace, ai sentimenti d'ordine, al rispetto delle leggi, raccoglieva i benefizi della rivoluzione senza patirne i pericoli.

Nelle campagne, la difficoltà di comunicazioni, la semplicità d'una vita puramente campestre, le inspirazioni dell'infanzia e degli emblemi religiosi destinati a fissare continuamente gli sguardi, hanno aperto l'anima ad una folla d'impressioni superstiziose, che nella condizione delle cose presenti niuna luce potrebbe distruggere nè temperare.

La sua religione, cioè la religione come egli l'intende, si è fatta per lui la più forte e per così dire la sola abitudine morale di vita; l'oggetto primiero che a lui presenta è il culto delle imagini, ed il ministro di questo culto, quegli che gli abitatori delle campagne riguardano come il dispensatore delle grazie celesti; quegli che può col fervore della preghiera mitigare l'intemperie delle stagioni, e disporre del bene della vita futura, ha ottenuto agevolmente in suo favore le più dolci le più vive affezioni dell'anime loro.

La costanza del popolo di questo dipartimento nell'esercizio dei suoi atti religiosi, e la fiducia illimitata di cui vi godono i preti coi quali è abituato, son uno de' primi elementi delle turbolenze che l'hanno agitato, e che possono ancora agitarlo.

È agevole il concepire con quanta efficacia i preti, o traviati o faziosi, hanno potuto giovarsi di queste inclinazioni del popolo verso di loro: non è stato a nulla perdonato per rinfiammare lo zelo, intimorir le coscienze, fortificare i caratteri deboli, sostenere i gagliardi: si è porto agli uni delle inquietudini e dei rimorsi; agli altri delle speranze di bene e di salute; su quasi tutti è stata spiegata con successo la forza della seduzione e del timore.

Molti di questi ecclesiastici sono di buona fede; sembrano fortemente persuasi e delle idee che spargono, e delle passioni che ispirano: altri sono accusati di coprire col zelo di religione interessi ai loro cuori più cari; questi hanno un'azione politica, che s'accresce o si modera secondo gli eventi.

Una lega potente si è formata tra l'antico vescovo di Luçon ed una parte dell'antico clero della sua diocesi; è stato meditato un sistema d'opposizione all'esecuzione de' decreti, da dovere applicarsi in ogni parrocchia; ordini, scritti incendiarii mandati di Parigi, sono stati spediti a tutti i parrochi per fortificarli nelle loro risoluzioni, o trarli in una confederazione che asserivasi generale. Una lettera circolare di Beauregard gran-vicario di de Merci, già vescovo di Luçon, depositata alla cancelleria del tribunale di Fontenay, riconosciuta da questo ecclesiastico nel suo interrogatorio, schiarirà la vostra opinione, o signori, in modo esatto e sul segreto di questa lega, e sul procedimento abilissimo imaginato da coloro che l'hanno formata. Eccola:

Lettera in data di Luçon, del 31 maggio 1791, sotto coperta, coll'indirizzo al parroco della Réorthe.

Signore, un decreto dell'assemblea rionale, de' 7 maggio, concede agli ecclesiastici che ha preteso di deporre per rifiuto di giuramento, l'uso delle chiese parrocchiali per dirvi soltanto la messa; il medesimo decreto dà facoltà ai cattolici romani, come a tutti i non-conformisti, di raccogliersi per l'esercizio del culto religioso nel luogo da loro a tale effetto prescelto, salvo che nell'istruzioni pubbliche non dicano alcuna cosa contro la costituzione civile del clero.

La libertà concessa ai pastori legittimi col primo articolo di questo decreto deve risguardarsi come un'insidia tanto più pericolosa, perchè i fedeli non troverebbero nelle chiese delle quali han preso possesso gl'intrusi, altra istruzione che quella de' falsi pastori; perchè non potrebbero ricevervi i sacramenti che dalle loro mani, e così avrebbero con quei pastori scismatici una communicazione dalle leggi della Chiesa interdetta. Per evitare un tanto male, i parrochi sentiranno la necessità di provvedersi al più presto d'un luogo, ove potere in virtù del secondo articolo del decreto esercitare le loro funzioni, e raccogliere i parrocchiani fedeli, subito che il loro preteso successore avrà preso possesso della chiesa; senza questa cautela, i cattolici per timore d'esser privi della messa e degli ufizi divini, chiamati dalla voce dei falsi pastori, sarebbero tosto indotti a comunicare con loro, ed esposti ai pericoli d'una seduzione quasi inevitabile.

Nelle parecchie ove sono pochi possidenti facoltosi, sarà certamente difficile di trovare un luogo conveniente, di procurarsi de' vasi sacri e dei paramenti; allora una semplice capanna, un altare portatile, una pianeta d'indiana o di qualche altro panno comune, e vasi di stagno, basteranno, in caso di necessità, per celebrare i santi misteri e l'ufficio divino.

Questa semplicità, questa povertà, rammentandoci i primi secoli della Chiesa e la cuna della nostra santa religione, può essere un mezzo potente per eccitare lo zelo de' ministri e il fervor de' fedeli; i primi cristiani non avevano altri tempj che le loro case; ivi raccoglievansi i pastori e la greggia per celebrarvi i santi misteri, ascoltare la parola di Dio, e cantare le lodi del Signore. Nelle persecuzioni da cui la Chiesa fu afflitta, costretti ad abbandonare le loro basiliche, se ne videro ricovrati nelle caverne, e fin nei sepolcri; e questi tempi di prova furono per i veri fedeli l'epoca del maggiore fervore. Poche son le parrocchie, ove i parrochi non possano procurarsi un luogo e paramenti quali ho narrati, e attendendo che si siano procurati le cose necessarie, i loro vicini non ancora rimossi potranno sovvenirli di quello che sarà a loro disposizione nelle propie chiese. Noi possiamo subitamente somministrare le pietre sacrate a coloro che n'avranno bisogno, e possiamo fin d'ora far consacrare i calici, o i vasi che ne faranno le veci.

Il vescovo di Luçon, nelle avvertenze particolari che ci ha trasmesso in aggiunta all'istruzione del vescovo di Langres, e che saranno ugualmente comunicate nelle varie diocesi, propone ai parrochi:

1.° Di tenere un doppio registro, ove saranno scritti gli atti di battesimo, matrimonio, e sepoltura dei cattolici della parrocchia: uno di questi registri resterà nelle loro mani; l'altro sarà da essi depositato tutti gli anni nelle mani di persona di fiducia.

2.° Oltre a questo registro, i parrochi ne terranno un altro, doppio parimente, ove saranno scritti gli atti delle dispense riguardanti i matrimoni, che avranno concesse in virtù delle facoltà che saranno lor conferite dall'articolo 18 dell'istruzione: questi atti saranno firmati da due testimoni sicuri e fedeli, e per darli maggiore autenticità, i registri a ciò destinati saranno approvati, numerati, e marcati dal vescovo, o in sua assenza da uno de' suoi vicari generali; una copia di questo registro sarà consegnata, come è detto di sopra, ad una persona di fiducia.

3.° I parrochi aspetteranno, se è possibile, a ritirarsi dalle loro chiese e presbiterii, che il loro preteso successore gli abbia notificato l'atto della sua nomina e istituzione, e protesteranno contro tutto ciò che sarà fatto in proposito.

4.° Scriveranno in segreto l'atto del possesso del preteso parroco, e dell'invasione da lui fatta della chiesa parrocchiale e del presbiterio: in quest'atto, di cui qui unisco il modello, protesteranno formalmente contro tutti gli atti di giurisdizione che vorrà esercitare come parroco della parrocchia; e per dare a quest'atto tutta la possibile autenticità, sarà firmato dal parroco, dal suo vicario se v'è, e da un prete vicino, ed anche da due o tre laici pii e prudenti, prendendo per altro tutte le precauzioni per non avventurare la segretezza.

5.° Quei parrochi, le cui parrocchie fossero dichiarate abolite senza l'intervenzione del legittimo vescovo, useranno dei medesimi mezzi; si riguarderanno sempre come i soli pastori legittimi delle loro parrocchie, e se sarà loro assolutamente impossibile d'abitarvi, guarderanno di procurarsi un'abitazione nelle vicinanze, comoda per provvedere ai bisogni spirituali de' parrocchiani, e si daranno somma cura di prevenirli e d'istruirli dei loro doveri a tale riguardo.

6.° Se l'autorità civile impedisce che i fedeli cattolici abbiano un cimitero particolare, o se i parenti de' defunti mostrano una repugnanza troppo grande che siano sepolti in un luogo particolare, quantunque specialmente benedetto come è detto all'articolo 19 dell'istruzione, dopo che il pastore legittimo, o uno dei suoi rappresentanti avrà fatto a casa le preci ordinate dal rituale, e scritto l'atto della morte che sarà firmato dai parenti, potrà portarsi; il corpo del defunto alla porta della chiesa, e i parenti potranno accompagnarlo; ma saranno avvertiti di ritirarsi al momento in cui il parroco e i vicari intrusi verranno a prendere il corpo, per non partecipare alle cerimonie e alle preci di quei preti scismatici.

7.° Negli atti, quando venga contrastato ai parrochi remossi il loro titolo di parroco, li firmeranno col loro nome di battesimo e di famiglia, senza prendere altra qualità.

Prego voi e coloro tra i vostri confratelli, ai quali crederete di dover comunicare la mia lettera, d'informarci del momento della vostra remozione se accade, e del possesso del vostro preteso successore, e delle sue circostanze più notabili, delle disposizioni dei vostri parocchiani su questo proposito, de' provvedimenti, che crederete di prendere pel bisogno della vostra parrocchia e della vostra abitazione se sarete assolutamente costretto a uscire. Voi sicuramente non dubiterete che tutti queste ragguagli non c'interessino sommamente; le vostre pene sono le nostre, e il nostro voto più ardente sarebbe di poter mitigarne, col dividerle, l'amarezza.

Ho l'onore d'essere, con rispettoso e inviolabile affetto, vostro umilissimo e obbedientissimo servitore.

Questi maneggi sono stati potentemente secondati dai missionari stabiliti nel borgo di San Lorenzo, distretto di Montaigu; anzi all'attività del loro zelo, alle loro coperte pratiche, alle infatigabili e segrete predicazioni, noi giudichiamo di dovere attribuire principalmente la disposizione degli animi d'una grandissima parte del popolo di quasi tutto il dipartimento della Vandea, e del distretto di Châtillon nel dipartimento delle Due Sèvre: è essenzialmente necessario di schiarire l'attenzione dell'assemblea nazionale sulla condotta di questi missionari, e sullo spirito della loro istituzione.

Questo instituto fu fondato, son circa a sessanta anni, da una società di preti secolari viventi d'elemosine, e destinati come missionari alla predicazione.

Questi missionari, che hanno acquistato la fiducia del popolo dispensando con arte delle corone, delle medaglie, e delle indulgenze, e ponendo su tutte le strade di quella parte di Francia dei calvari di tutte le foggie; si son fatti appresso assai numerosi, da formare nuovi instituti in altre parti del regno. Trovansi nelle già provincie di Poitou, d'Anjou, di Bretagna, e d'Aunis, consacrati colla medesima attività al successo e in qualche guisa all'eterna durata di questa specie di pratiche religiose fatte per le loro assidue cure l'unica religione del popolo. Il borgo di San Lorenzo è il loro luogo capitale; recentemente v'hanno fabbricato una bella e vasta casa conventuale, e v'hanno acquistato, dicesi, altri dominii di terre.

Questa congregazione è legata, per la natura e lo spirito della sua istituzione, ad un istituto di sorelle bigie, fondato nel medesimo luogo, conosciute sotto il nome di *figlie della saviezza*. Consecrate in questo dipartimento ed in molti altri al servizio dei poveri, e particolarmente degli ospedali, esse sono per questi missionari un mezzo attivissimo di generale corrispondenza nel regno: la casa di San Lorenzo è divenuta il loro luogo di ritiro, quando l'intollerante fervore del loro zelo, od altre cagioni, forzano gli amministratori degli ospedali ove servono a disfarsi del loro ajuto.

Per chiarire la vostra opinione sulla condotta di questi ardenti missionari, e sulla morale religiosa che professano, basterà, o signori, di presentarvi un breve sommario delle massime contenute ne' differenti manoscritti trovati presso di loro dalle guardie nazionali d'Angers e di Cholet.

Questi manoscritti, stesi in forma di istruzioni per lo popolo delle campagne, stabiliscono in tesi che non si può ricorrere ai preti costituzionali, qualificati come intrusi, per l'amministrazione de' sacramenti; che tutti coloro che vi partecipano, anche colla sola presenza, son colpevoli di peccato mortale, e che la sola ignoranza, o difetto di mente li può scusare; che coloro che avranno l'ardire di farsi sposare dagli intrusi, non saranno sposati, ed attrarranno la maledizione divina sovr'essi e su i loro figliuoli; che le cose s'accomoderanno in modo, che la validità dei matrimoni amministrati dai parrochi antichi non sarà impugnata; ma che intanto bisogna prepararsi a tutto; che se i figli non passano per legittimi, il saranno nonostante; che al contrario i figli di coloro che si saranno sposati avanti gl'intrusi, saranno veramente *bastardi*, perchè Dio non avrà ratificato la loro unione, ed è meglio che un matrimonio sia nullo avanti agli uomini che avanti a Dio: che non bisogna rivolgersi ai nuovi parrochi pei funerali, e che se il parroco antico non può farli senza rischio della vita e della libertà, bisogna che i parenti o gli amici del defunto li facciano segretamente da sè.

Vi è avvertito, che il parroco antico debba aver cura di tenere un esatto registro per registrarvi questi differenti atti; che veramente è impossibile che i tribunali civili non vi abbiano alcuna deferenza, ma questo è un male al quale bisogna prepararsi; che il registro civile è un vantaggio prezioso di cui bisognerà pure privarsi, perchè è meglio esserne privi, che apostatare rivolgendosi agli intrusi.

In fine vi sono esortati tutti i fedeli a non avere nissuna comunione cogli intrusi, nissuna parte alla loro intrusione; v'è dichiarato che gli officiali municipali che li metteranno in possesso, saranno apostati come loro, e che nell'istante i sagrestani, i cantori, e i campanai devono rinunziare ai loro impieghi.

Tal è, o signori, l'assurda e sediziosa dottrina che racchiudono questi manoscritti, di cui la pubblica voce accusa i missionari di San Lorenzo d'essersi fatti i più ardenti propagatori.

Essi furono già denunziati alla deputazione delle ricerche dell'assemblea nazionale, ed il silenzio tenuto a loro riguardo non ha fatto altro che accrescere l'azione dei loro sforzi, ed aumentare il loro funesto potere.

Noi abbiamo creduto inevitabile di mettervi sott'occhio la breve analisi dei principii contenuti in questi scritti, quale è esposta in una risoluzione del consiglio dipartimentale di Maine-e-Loire, del 5 giugno 1791, perchè basta confrontarli colla lettera circolare del gran-vicario del già vescovo di Luçon, per persuadersi che nascono da un sistema generale d'opposizione contro i decreti sull'ordinamento civile del clero; e lo stato presente della maggior parte delle parrocchie di quel dipartimento, non presenta che l'esperimento di questo sistema, ed i principii di questa dottrina, messi per tutto in azione.

La mutazione troppo tarda dei parrochi ha molto contribuito al successo di questa lega: questo ritardo è stato causato prima dal rifiuto di Servant, il quale dopo essere stato nominato al vescovato del dipartimento, ed avere accettato questo posto, ha dichiarato, il 10 aprile, che ritrattava la sua accettazione. Rodrigue, attual vescovo del dipartimento, che si sostiene quasi solo colla moderazione e colla fermezza sopra una sede cinta di d'inquietudini e di pericoli, non è stato nominato che nei primi giorni del mese di maggio. A quest'epoca gli atti di resistenza erano stati meditati e decisi sopra un sistema uniforme; l'opposizione era aperta ed in pieno vigore; i gran-vicari e i parrochi s'erano accostati e si tenevano strettamente congiunti per lo stesso legame; le gelosie, le rivalità, le contese dell'antica gerarchia ecclesiastica, avevano avuto tempo, di scomparire, e tutti gl'interessi eran venuti a riunirsi nell'interesse comune.

La mutazione non ha potuto eseguirsi che in parte; la massima parte degli antichi pubblici funzionari ecclesiastici esiste ancora nelle parrocchie, investita delle antiche funzioni; le ultime nomine non hanno avuto quasi verun successo; e le persone novellamente elette, temendo all'aspetto delle contrarietà e dei disgusti fuor di numero che la nomina a loro prepara, non rispondono che con rifiuti.

Questa divisione di preti giurati e non giurati ha prodotto una vera scissione nel popolo delle loro parrocchie; le famiglie vi sono divise; si son viste e vedonsi tutti i giorni mogli che si separano dai mariti, figli che abbandonano i padri: lo stato dei cittadini il più delle volte non è verificato che su fogli volanti, e la persona che li riceve non essendo munita di carattere pubblico, non può dare a questo genere di prova, legale autenticità.

I municipi si sono disordinati, la maggior parte per non contribuire alla mutazione dei parrochi i non giurati.

Una gran parte de' cittadini ha renunziato al servizio della guardia nazionale, e quella che resta non si potrebbe adoprare senza pericolo nei movimenti che avessero per principio o per oggetto atti riguardanti la religione, perchè il popolo allora vedrebbe nelle guardie nazionali, non gli strumenti impassibili delle legge, ma gli agenti d'un partito contrario al suo.

In molte parti del dipartimento gli amministratori, i giudici, i membri del corpo elettorale, son mirati con eversione dal popolo perchè concorrono all'esecuzione della legge relativa ai funzionari ecclesiastici.

Questa disposizione degli animi è tanto più deplorabile, perchè i mezzi d'istruzione divengono ogni giorno vie più difficili. Il popolo, che confonde le leggi generali dello stato e i regolamenti particolari per l'ordinazione civile del clero, ne fa la lettura e ne rende inutile la pubblicazione.

Gli scontenti, gli uomini che non amano il nuovo governo, e quelli che nel nuovo governo non amano le leggi intorno al clero, alimentano accuratamente questa aversione del popolo, fortificano con tutti i mezzi in loro potere la stima de' preti non giurati, e indeboliscono la stima degli altri; l'indigente non ottiene soccorso, l'artigiano non può sperare uso della sua abilità ed industria, se non s'astringe a non andare alla messa del prete giurato; e per questo concorso di fiducia ne' preti antichi da una parte, e dall'altra di minaccie e di seduzione, in questo momento le chiese amministrate dai preti giurati sono deserte, e corresi in folla a quelle ore per difetto di persona la mutazione non si è potuta eseguire.

Non v'è nulla di più frequente che vedere nelle parrocchie di cinque a sei cento persone, dieci o dodici solamente andare alla messa del prete giurato; il ragguaglio è lo stesso in tutti i luoghi del dipartimento; i giorni di domenica e di festa, si vedono gli abitanti d'interi borghi e villaggi disertare i loro domicili per andare una ed a volte due leghe lontano a sentire la messa d'un prete non giurato. Queste tramutazioni abituali ci son sembrate la causa più potente dell'agitazione, ora occulta ora aperta, che esiste in quasi tutte le parrocchie amministrate dai preti giurati: comprendesi facilmente che una moltitudine di persone che si credono obbligate per coscienza d'andare a cercare lungi i soccorsi spirituali che loro convengono, devon mirare con avversione, quando tornano a casa stanche di fatica, i cinque o sei, i quali si son trovati da presso il prete di loro scelta: esse riguardano con invidia, e trattano con durezza, e spesso anche con violenza uomini, che loro sembrano godere d'un privilegio esclusivo in fatto di religione. Il paragone che fanno tra la facilità goduta altra volta di trovare da presso dei preti di lor confidenza, e l'incomodo, la fatica, e il perdimento di tempo, che cagionano queste corse continue, scema molto il loro affetto alla costituzione, a cui attribuiscono tutti i disgusti della loro condizione novella.

A questa causa generale, in questo momento forse più attiva delle provocazioni segrete de' preti non giurati, noi crediamo dovere attribuire specialmente lo stato d'interiore discordia, in cui abbiamo trovato la maggior parte delle parrocchie del dipartimento amministrate dai preti giurati.

Molte di queste hanno presentato a noi, come ai corpi amministrativi, delle domande per ottenere facoltà di prendere a fitto edifici particolari per uso del loro culto religioso; ma come queste domande, che sapevamo essere provocate con maggior calore da persone che non l'anno segnate, ci sembravano dipendere da un sistema generale e segreto, non abbiamo creduto di dover decidere d'una separazione religiosa, che giudicavamo involvere a quest'epoca, per lo stato generale del dipartimento, tutte le qualità d'una scissione civile tra i cittadini. Noi abbiamo pensato e detto pubblicamente che spetta a voi, o signori, a deliberare in una maniera precisa, come, e con qual sussidio d'influenze morali, di leggi, e di mezzi d'esecuzione, l'esercizio della libertà d'opinioni religiose deve, in proposito delle condizioni presenti, congiungersi col mantenimento della pubblica tranquillità.

Farà certamente maraviglia, che i preti non giurati dimoranti nelle loro antiche parrocchie non si prevalgano della libertà dalla legge concessa di dire la messa nella chiesa ufiziata dal parroco nuovo, e non siano solleciti, usando di questa facoltà, di risparmiare ai loro antichi parrocchiani, ad uomini che son loro rimasti fedeli, la perdita di tempo e gl'incomodi di quelle gite numerose e forzate. Per spiegare questa condotta apparentemente così singolare, bisogna rammentarsi che una delle cose che più caldamente sono state raccomandate ai preti non giurati dagli accorti, che hanno diretto la grande impresa di religione, è d'astenersi da ogni comunione coi preti che chiamano intrusi e usurpatori, per timore che il popolo, il quale non è mosso che dai segni sensibili, non s'avvezzi alla fine a non scorgere differenza tra' preti facienti nella medesima chiesa l'esercizio del medesimo culto.

Sventuratamente questa divisione religiosa ha prodotto una divisione politica tra i cittadini, e questa divisione si fortifica ancora dal nome dato a ognuna delle due parti: il piccolissimo numero di coloro che vanno alla chiesa dei preti giurati, si chiamano da sè e da gli altri *patriotti*; coloro che vanno nella chiesa dei preti non giurati, si chiamano da sè e dagli altri *aristocrati*. Quindi per que' poveri abitatori delle campagne l'amore o l'odio alla patria consiste oggi, non a obbedire alle leggi, a rispettare le legittime autorità, ma a andare o non andare alla messa del prete giurato; la seduzione, l'ignoranza, e il pregiudizio, hanno messo in ciò sì profonde radici, che abbiamo avuto molta pena a far loro comprendere che la costituzione dello stato non è la costituzione civile del clero; che la legge non tiranneggia le coscienze; che ognuno è padrone d'andare alla messa che più gli piace, e dal prete che ha la sua maggior confidenza; che tutti sono eguali agli occhi della legge, e che ella non impone su ciò altra obbligazione, che di vivere in pace e sopportare scambievolmente la differenza delle altrui religiose opinioni. Non abbiamo nulla obliato per togliere dalle loro menti, e fare sparire di bocca del popolo delle campagne, questi assurdi nomi, e ce ne siam dati la cura con tanto maggiore ardore, giacchè era agevole di giudicare a quest'epoca tutte le conseguenze di simile distinzione, in un dipartimento ove i pretesti *aristocrati* formano più di due terzi della popolazione.

Tal è, o signori, la sostanza dei fatti che son giunti a nostra cognizione nel dipartimento della Vandea, e delle riflessioni alle quali questi fatti hanno dato cagione.

Abbiamo preso su questo soggetto tutti i provvedimenti che erano in nostro potere, e per mantenere la tranquillità generale, e per prevenire o reprimere l'offese contro l'ordine pubblico; istrumenti della legge, abbiamo per tutto tenuto il linguaggio della legge. Al tempo stesso che noi stabilivamo dei rimedi d'ordine e di sicurezza, ci occupavamo di spiegare e di dichiarare avanti ai corpi amministrativi, ai tribunali, o ai privati, le difficoltà che nascono o dall'intelligenza de' decreti o dal loro modo d'esecuzione; abbiamo invitato i corpi amministrativi e i tribunali a raddoppiare di vigilanza e di zelo nell'esecuzione delle leggi protettrici della sicurezza delle persone e della proprietà dei beni, a usare in una parola colla fermezza che è uno de' loro principali doveri, l'autorità dalla legge lor conferita; abbiamo distribuito una parte della pubblica forza, che era a nostra disposizione, nei luoghi ove s'annunziavano pericoli più gravi e più imminenti; ci siamo trasferiti in tutti i luoghi a' primi annunzi di turbolenze; abbiamo verificato lo stato delle cose con massima calma e riflessione, e dopo d'avere con parole di pace e di consolazione, colla ferma e giusta espressione della legge, calmato il disordine momentaneo delle volontà particolari, abbiamo creduto che la sola presenza della pubblica forza bastasse. Tocca a voi, o signori, ed a voi solamente appartiene, il prendere dei provvedimenti veramente efficaci sopra un soggetto, che per l'unione in cui è stato messo colla costituzione dello stato, esercita nel momento su questa costituzione una forza molto maggiore di quella che non potrebbero far credere le prime e più semplici conoscenze della ragione, disgiunta dall'esperienza de' fatti.

In tutte le nostre operazioni circa alla distribuzione della pubblica forza, siamo stati secondati nel modo più efficace da un ufiziale generale ben noto col suo patriottismo e co' suoi lumi. Appena informato del nostro arrivo nel dipartimento, Dumouriez è venuto a congiungersi alle nostre fatiche, e a contribuire con noi alla conservazione della pubblica pace: noi eravamo per essere totalmente privi di truppe di linea in un momento in cui avevamo ragione di credere che ci fossero più che mai necessarie; dallo zelo, dall'attività di Dumouriez abbiamo ottenuto ad un tratto un soccorso, che per lo ritardo dell'ordinamento degli uomini d'arme nazionali, era in qualche modo l'unico pegno della tranquillità del paese.

Noi avevamo compito, o signori, la nostra missione nel dipartimento della Vandea, quando il decreto dell'assemblea nazionale degli 8 agosto, il quale, a norma della domanda degli amministratori del dipartimento delle Due Sèvre, ci dava facoltà di trasferirci nel distretto di Châtillon, è a noi pervenuto non meno che alla direzione di quel dipartimento.

Ci era stato annunziato, al nostro arrivo a Fontenay-le-Comte, che questo distretto era nel medesimo stato di turbolenza religiosa del dipartimento della Vandea. Alcuni giorni avanti il ricevimento del decreto di commissione, molti cittadini, elettori ed ufiziali pubblici del distretto, vennero a fare alla direzione del dipartimento delle Due Sèvre una denunzia scritta sulle turbolenze che dicevano esistere in differenti parrocchie; annunziarono che era per scoppiare una sollevazione: il rimedio che a loro sembrava più sicuro e più pronto, e che proponevano con molto calore, era di fare uscire dal distretto, dentro tre giorni, tutti i parrochi non giurati già scambiati, e tutti i vicari non giurati. La direzione, dopo avere lungamente esitato a prendere un provvedimento che le pareva contrario ai principii d'esatta giustizia, alla fine pensò che il carattere pubblico dei denunziatori bastasse per provare e la verità del male e l'urgente necessità del rimedio. Perlochè fu presa una risoluzione il 5 settembre, ove la direzione ingiungendo a tutti gli ecclesiastici d'uscire dal distretto dentro tre giorni, invitolli a ridursi nel medesimo termine a Niort, luogo capitale del dipartimento, *assicurandoli che vi troverebbero tutta la protezione e la sicurezza per le loro persone.*

La risoluzione era già stampata, ed era per mettersi ad esecuzione, quando la direzione ricevè una copia del decreto per la commissione che avea sollecitato; all'istante prese una nuova risoluzione, colla quale sospese l'esecuzione della prima, e lasciò alla nostra prudenza la cura di confermarla, modificarla, o sopprimerla.

Due amministratori della direzione furono, con quella risoluzione, nominati commissari per informarci di tutto quello che era seguito, trasferirsi a Châtillon, e prendere d'accordo con noi tutti i provvedimenti che noi credessimo necessari.

Giunti a Châtillon, facemmo adunare i cinquanta sei municipii, onde è composto il distretto; i quali furono successivamente chiamati nella sala della direzione. Consultammo ciascun di loro sullo stato della sua parrocchia: tutti i municipii manifestarono la medesima brama; quelli i cui parrochi erano stati cambiati, ci domandarono il ritorno de' loro preti; quelli i cui parrochi non giurati erano ancora in ufizio, ci domandarono di conservarli. Sopra a un altro punto ancora tutti gli abitanti delle campagne s'accordavano: la libertà delle opinioni religiose stata loro, dicevan essi, concessa, e di cui bramavano di godere. Il medesimo giorno, e il giorno di poi, gli abitanti delle campagne ci spedirono numerose deputazioni per rinnovare la medesima preghiera. «Noi non chiediamo altra grazia, ci dicevano concordemente, che avere dei preti nei quali abbiamo fiducia.» Molti di loro mettevano anzi tanto prezzo a questo favore, che ci assicuravano che pagherebbero volentieri il doppio delle imposizioni per ottenerlo.

La maggior parte de' pubblici ufiziali ecclesiastici di questo distretto non ha giurato; e mentre le loro chiese bastano appena alla frequenza de' cittadini, le chiese de' preti giurati sono quasi deserte. Per questo lato la condizione di questo ristretto ci è sembrata uguale a quella del dipartimento della Vandea; ivi, come altrove, abbiamo trovato i nomi di *patriotta*, e *aristocrato* pienamente invalsi fra il popolo, nel medesimo senso, e forse in una maniera più generale. La disposizione degli animi in favore dei preti non giurati ci è sembrata ancora più decisa che nel dipartimento della Vandea; l'affetto verso di loro, la fiducia ad essi concessa, hanno tutti i caratteri della più viva e più profonda passione; in alcune di queste parrocchie, dei preti giurati o dei cittadini affezionati a questi preti, erano stati soggetti a minaccie ed ingiurie, e quantunque lì com'altrove queste violenze ci siano sembrate alcuna volta esagerate, ci siamo assicurati (e la semplice narrazione delle inclinazioni degli animi vale a persuadersene) che la maggior parte delle lagnanze erano fondate su diritti ben chiari.

Nel medesimo tempo che raccomandavamo ai giudici ed agli amministratori la massima vigilanza su questa materia, non lasciavamo niente che potesse ispirare al popolo pensieri e sentimenti più conformi al rispetto della legge, e al diritto della libertà individuale.

Noi dobbiamo dirvi, o signori, che quegli uomini i quali ci erano stati rappresentati come furiosi, sordi ad ogni specie di ragione, ci hanno lasciato, pieni l'anima di pace e di contento, quando abbiamo fatto loro intendere che era un principio della nuova costituzione il rispettare la libertà di coscienza; erano penetrati di pentimento e di afflizione per li falli che alcuni di loro avevan commesso; ci hanno promesso teneramente di seguire i consigli che davamo loro di vivere in pace, non ostante la differenza delle loro religiose opinioni, e di rispettare l'ufiziale pubblico stabilito dalla legge. Udivansi, partendo, congratularsi d'averci veduto, ripetere gli uni agli altri tutto quello che noi avevamo detto, e fortificarsi scambievolmente nelle loro risoluzioni di pace e di buona concordia.

Il medesimo giorno ci fu annunziato, che molti abitanti della campagna, tornati alle case loro, avevano attaccato de' cartelli, coi quali ognun di loro dichiarava d'impegnarsi a denunziare e a fare arrestare la prima persona che avesse offeso altrui e specialmente i preti giurati.

Dobbiamo farvi osservare, che nel distretto medesimo, agitato da lungo tempo dalla differenza delle opinioni religiose, le imposizioni arretrate del 1789 e del 1790, ascendenti a 700,000 lire, sono state quasi intieramente pagate: ne abbiano attinto la prova alla direzione del distretto.

Dopo avere osservato diligentemente lo stato degli animi e la condizione delle cose, giudicammo, che la risoluzione della direzione non dovesse esser messa a esecuzione, e i commissari del dipartimento, come gli amministratori della direzione di Châtillon, furono del medesimo avviso.

Lasciando da parte tutte le considerazione che abbiamo potuto rilevare e dalle cose e dalle persone, abbiamo esaminato se la risoluzione presa dalla direzione fosse primieramente giusta di sua natura, quindi se fosse d'efficace esecuzione.

Abbiamo creduto che i preti già scambiati non potessero considerarsi in stato di ribellione contro la legge perchè continuavano a dimorare nel luogo delle loro antiche funzioni, specialmente quando tra questi preti ve ne sono che notoriamente si ristringono a vivere da uomini caritatevoli e pacifici, lontani da ogni pubblica e privata questione; abbiamo creduto che agli occhi della legge non si potesse essere in stato di ribellione altro che cacciandovisi da sè con fatti precisi, certi, e costanti; abbiamo creduto finalmente che gli atti di provocazione contro le leggi riguardanti il clero e contro tutte le leggi del regno, dovessero, come tutti gli altri delitti, esser puniti colle forme legali.

Esaminando poi l'efficacia di questo provvedimento, abbiamo considerato che se i fedeli non hanno fiducia nei preti giurati, non è un mezzo d'inspirarla loro maggiormente l'allontanare in questa maniera i preti di lor gradimento; abbiamo considerato che nei distretti ove la maggior parte dei preti non giurati continua l'esercizio delle sue funzioni, secondo la permissione della legge, fino all'epoca del suo cambiamento, un tal sistema di repressione non potrebbe diminuire il male allontanando sì piccol numero d'individui mentre bisogna lasciarne nei medesimi luoghi un grandissimo numero che hanno le medesime opinioni.

Ecco, o signori, alcune delle idee che hanno guidato la nostra condotta in questa occasione, oltre tutte le ragioni locali che sole avrebber bastato a farci seguire l'istesso andamento: tale era infatti la disposizione degli animi, che l'esecuzione di quella risoluzione, sarebbe stata infallibilmente in quei luoghi il segno della guerra civile.

La direzione del dipartimento delle Due Sèvre informata, prima dai suoi commissari, quindi da noi, di tutto quello che abbiamo fatto in questo proposito, si è degnata offrirci l'espressione della sua riconoscenza con deliberazione del 19 del mese scorso.

Aggiungeremo, circa a questa risoluzione d'allontanare i preti non giurati già scambiati, che ci è stata costantemente proposta quasi all'unanimità dai cittadini del dipartimento della Vandea che, sono aderenti ai preti giurati, cittadini che formano, come voi avete già inteso, la più piccola parte degli abitatori: comunicandovi questa brama, non facciamo altro che sgravarci d'un deposito che ci è stato affidato.

Non vi lasceremo ignorare nemmeno che alcuni dei preti giurati, con cui abbiamo parlato, sono d'avviso contrario; uno di loro, con lettera a noi diretta li 12 settembre, indicandoci le medesime cause delle turbolenze, parlando dei disgusti ai quali ogni giorno è esposto, ci fa osservare che il solo mezzo di rimediare a tutti questi mali è (sono le sue espressioni) «d'usar riguardo all'opinione del popolo di cui è mestieri guarire i pregiudizi col rimedio del tempo e della prudenza; perchè, aggiunge egli, bisogna prevenire ogni guerra per causa di religione, le cui piaghe sanguinano ancora... È da temere che i provvedimenti rigorosi, necessari all'occasione contro i turbatori del pubblico riposo, non sembrino piuttosto persecuzione, che gastigo inflitto dalla legge... Quanta prudenza non giova egli adoprare! La dolcezza, l'istruzione, sono le armi della verità!»

Tale è, o signori, la conclusione generale dei ragguagli che abbiamo raccolto, e delle osservazioni che abbiamo fatto nel corso della missione affidataci. La più dolce ricompensa delle nostre fatiche sarebbe d'averti agevolato i mezzi di stabilire su solide basi la tranquillità di questi dipartimenti, e d'avere risposto coll'ardore del nostro zelo alla fiducia onde siamo stati onorati.

Ho già avuto molte volte occasione di parlare delle disposizioni di Leopoldo, di Luigi XVI, e degli emigrati; voglio citare alcuni estratti che le faranno conoscere nel modo più chiaro. Bouillé, che era in paese straniero, e la cui reputazione e capacità facevalo ricercare dai principi, ha meglio d'ogni altro potuto conoscere i sentimenti delle varie corte, e la sua testimonianza non può esser sospetta. Ecco la maniera onde s'esprime in diversi punti delle sue Memorie:

Potrà giudicarsi da questa lettera, che il re di Svezia era incertissimo su i veri progetti dell'imperatore e dei suoi alleati, che dovevano essere allora di non più impacciarsi degli affari di Francia. Certamente l'imperatrice n'era informata, ma non glieli avea comunicati. Io sapeva, che allora ella adoprava tutta la sua influenza sull'imperatore e sul re di Prussia per indurli a dichiarare la guerra alla Francia. Aveva anche scritto una lettera fortissima al primo di questi principi, ove rappresentavagli che il re di Prussia, per una semplice impolitezza fatta a sua sorella, aveva fatto entrare un esercito in Olanda; mentre egli soffriva l'ingiurie e gli affronti prodigati alla regina di Francia, la depressione del suo grado e della sua dignità, e la distruzione del trono d'un re suo cognato ed alleato. L'imperatrice agiva collo stesso ardore verso la Spagna, che aveva abbracciato principi pacifici. Frattanto l'imperatore, dopo accettata la costituzione dal re, aveva nuovamente ricevuto l'ambasciatore di Francia, al quale innanzi avea proibito di comparire alla corte. Fu anche il primo ad ammettere ne' suoi porti la bandiera nazionale. Le corti di Madrid, di Pietroburgo, e di Stocolma, furon le sole, a quest'epoca, che richiamassero i loro ambasciatori da Parigi. Tutte queste circostanze tendono dunque a provare che i pensieri di Leopoldo erano rivolti alla pace, e che erano il frutto dell'influenza di Luigi XVI e della regina.

(Memorie di Bouillé, pagina 314)

Altrove Bouillé dice:

Frattanto passarono molti mesi senza che scorgessi nissun effetto dei disegni avuti dall'imperatore d'adunare degli eserciti su i confini, di formare un congresso, e d'aprire delle pratiche col governo francese. Io presumeva, che il re avesse sperato che l'accettazione della nuova costituzione gli rendesse la libertà personale, e ritornasse nella nazione la calma che una pratica armata avrebbe potuto turbare, e in conseguenza avesse indotto l'imperatore e gli altri sovrani suoi alleati a non fare alcun passo che potesse produrre ostilità che egli avea costantemente cercato d'evitare. Fui confermato in questa opinione dalla riserva della corte di Spagna alla proposizione di fornire al re di Svezia quindici milioni di lire tornesi, che erasi obbligata di dargli per sovvenire alle spese dell'impresa. Questo principe m'aveva indotto a scrivere, da parte sua, al ministro spagnuolo, da cui non ebbi che vaghe risposte. Consigliai allora il re di Svezia a prendere un imprestito in Olanda, o nelle città libere marittime del Settentrione, colla garanzia della Spagna, le inclinazioni della quale peraltro verso la Francia mi parevan mutate.

Seppi che l'anarchia cresceva in Francia tutti giorni, com'era anche troppo provato dalla moltitudine d'emigranti di tutti i gradi, che fuggivano su i confini stranieri. Erano armati, reggimentati sulle rive del Reno, ed erasi formato un piccolo esercito che minacciava le provincie d'Alsazia e di Lorena. Queste risoluzioni ridestavano il furore del popolo, ed ajutavano i disegni distruttori de' giacobini e degli anarchisti. Gli emigrati avevano anche voluto fare un tentativo sopra Strasburgo, ove credevano avere sicure intelligenze e fautori che ne abbandonassero loro le porte. Il re, che ne fu informato, usò ordini ed anche preghiere per arrestarli ed impedirli d'eseguire alcun atto d'ostilità. Mandò a tal uopo ai principi suoi fratelli il barone de Vioménil e il cavaliere de Cogny, che manifestarono loro, da parte sua, la disapprovazione dell'armamento della nobiltà francese, a che l'imperatore mise tutti gli ostacoli possibili, ma che pure continuò a farsi.»

(*Ivi, pagina* 309.)

Finalmente Bouillé racconta, secondo Leopoldo medesimo, il suo progetto di congresso:

Finalmente, il 12 settembre, l'imperatore Leopoldo mi fece avvisare d'andar da lui, e di portargli il progetto delle disposizioni, che avanti m'aveva richiesto. Mi fece entrare nel suo gabinetto, e mi disse che non aveva potuto parlarmi prima dell'oggetto per cui m'aveva fatto venire, perchè aspettava risposte di Russia, di Spagna, d'Inghilterra, e dei principali sovrani d'Italia; che aveale ricevute, ed erano conformi alle sue intenzioni ed a' suoi disegni, che era sicuro della loro assistenza per l'esecuzione, e della loro unione, eccetto però la corte di San Giacomo, la quale aveva dichiarato di voler serbare la più scrupolosa neutralità. Aveva preso la risoluzione d'adunare un congresso per trattare col governo francese, non solo della riparazione dei danni del corpo germanico, i cui diritti erano stati violati in Alsazia ed in altre parti delle provincie di confine, ma ancora dei mezzi di ricondurre l'ordine nel reame di Francia, l'anarchia del quale turbava la tranquillità di tutta Europa. Aggiunse, che questo negoziato sarebbe sostenuto da eserciti formidabili, dai quali sarebbe cinta la Francia; che sperava che questo modo riuscisse a prevenire una guerra sanguinosa, ultimo rimedio che intendeva adoprare. Presi la libertà di domandare all'imperatore se fosse istruito delle vere intenzioni del re. Egli le conosceva; sapeva, che questo principe repugnava dall'uso de' mezzi violenti. Mi disse, che era ancora informato che la carta della nuova costituzione doveva essergli presentata fra pochi giorni, e che credeva che il re non potesse evitare d'accettarla senza alcuna restrizione, a causa dei rischi che correrebbero i suoi giorni e quelli di sua famiglia, se facesse la minima difficoltà, e avventurasse la più lieve osservazione; ma che la sua sanzione, nel caso presente forzata, non era di alcun rilievo, essendo possibile di ritornare su tutto ciò fosse stato fatto, e di dare alla Francia un buon governo che sodisfacesse i popoli, e lasciasse alla regia autorità una sufficiente latitudine di poteri per mantenere la tranquillità di dentro ed assicurare la pace di fuori. Mi chiese il disegno della disposizione degli eserciti, assicurandomi che l'esaminerebbe a comodo. Aggiunse, ch'io poteva ritornare a Magonza, ove il conte di Brown, che doveva comandar le sue genti, ed era allora dei Paesi Bassi, mi farebbe avvertire, unitamente al principe di Hohenlohe, che andava in Franconia, per conferire insieme quando fosse stato tempo.

Io giudicai che l'imperatore non si fosse deciso a questo sistema pacifico e sommamente ragionevole, dopo la conferenza di Pilnitz, senza aver prima consultato Luigi XVI, il cui desiderio era sempre stato per un accomodamento, e per l'uso della via delle pratiche piuttosto che della via violenta dell'armi.

(Ivi, pagina 299.)

NOTA 14, PAGINA 106

Ecco come questo fatto è raccontato da Bertrand de Molleville:

Resi conto l'istesso giorno al consiglio della visita fattami dal duca d'Orléans, e della nostra conversazione. Il re si decise a riceverlo, ed ebbe con lui il giorno di poi un colloquio di più di mezz'ora, del quale Sua Maestà ci sembrò essere restata contentissima. «Io credo, come voi, mi disse il re, che egli torni di buonissima fede, e che farà tutto quello che da lui dipenderà per riparare il male che ha fatto, ed al quale è possibile che non abbia avuto tanta parte quanta abbiamo creduto».

La domenica seguente venne alla levata del re, ove ricevè l'accoglienza la più umiliante dai cortigiani, i quali ignoravano l'accaduto, e dai regi, i quali avevano l'abitudine in quel giorno d'andare in folla al castello per fare la corte alla famiglia reale. Gli si pressarono attorno, cercarono di spingerlo e di cacciarlo verso la porta, in guisa da impedirlo di passare. Egli scese dalla regina, ove era già apparecchiata la tavola: appena comparve, gridarono da tutte le parti: *Signori, tenete l'occhio ai piatti!* come se si fosse saputo che avesse le tasche piene di veleno.

Il mormorio oltraggioso che per tutto la sua presenza eccitava, l'astrinsero ad andarsene senza aver visto la famiglia reale. Fu inseguito fin sulla scala della regina e nello scendere ricevè uno sputo sulla testa, ed alcuni altri sul vestito. La rabbia e il dispetto gli si vedevano in volto;

uscì dal castello, persuaso che gli autori degli oltraggi che avea ricevuti, fossero il re e la regina, i quali non ci pensavano, e ne furono anzi molto rammaricati. Giurò loro odio implacabile, e non si è mostrato che troppo fedele a questo orribile giuramento. Io in quel giorno era al castello, e fui testimone di tutti i fatti che ho raccontato.

(*Bettrand de Molleville, Tomo VI, pagina* 209.)

NOTA 15, PAGINA 117

Madama Campan racconta diversamente il colloquio di Dumouriez:

Tutte le parti s'agitavano; dic'ella, o per perdere il re, o per salvarlo.

Un giorno trovai la regina estremamente turbata; mi disse che non sapeva più dove era; che i capi de'giacobini s'offerivano a lei per mezzo di
Dumouriez, e che Dumouriez, abbandonando la parte dei giacobini, era
venuto ad offrirsele; che aveagli dato un'udienza; che solo con lei, le s'era
gittata ai piedi, dicendole che s'era tuffato il berretto rosso fino agli orec-
chi, ma che non era e non poteva essere giacobino. Che erasi lasciata
correre la rivoluzione fino a quella canaglia di disordinatori, i quali non
aspirando ad altro che alla preda, erano di tutto capaci, e potrebbero fornire all'assemblea un formidabile esercito, pronto a smuovere gli avanzi
d'un trono già troppo crollato. Parlando con estremo calore, s'era
abbandonato sulla mano della regina, e baciandola con commozione diceva: *Lasciatevi salvare*. La regina mi disse che non si poteva credere alle
proteste d'un traditore; che tutta la sua condotta era tanto ben conosciuta, che il partito più saggio era certamente di non si fidare; che inoltre i
principi raccomandavano essenzialmente di non aver fidanza in alcuna
proposizione dell'interno... ec.

(*Tomo II, pagina* 202.)

Il racconto di questo colloquio è, come qui si vede, in qualche parte differente, sebbene il fondo sia il medesimo. Solamente, passando per la bocca della regina a quella di madama Campan, ha potuto prendere un'apparenza poco favorevole a Dumouriez. Quello di Dumouriez presenta d'una maniera più verisimile le agitazioni della sventurata Maria Antonietta; e come non ha nulla d'offensivo a questa principessa, e nulla che non s'accordi col suo carattere, l'ho preferito. È possibile nondimeno che l'orgoglio di Dumouriez l'abbia indotto a scegliere a preferenza le particolarità ad esso più lusinghevoli.

NOTA 16, PAGINA 118

Bouillé, di cui ho citato le Memorie, e che era in grado di ben giudicare delle vere intenzioni delle potenze, non credeva punto allo zelo e alla sincerità di Caterina. Ecco in qual maniera s'esprime in proposito:

Si vede che questo principe (Gustavo) contava molto sulle disposizioni dell'imperatrice di Russia, e sulla parte attiva che prenderebbe nella confederazione, e che erasi limitata a delle dimostrazioni. Il re di Svezia era in errore, ed io dubito che Caterina non gli avrebbe mai affidato i diciotto mila Russi che gli aveva promessi. Io sono inoltre persuaso, che l'imperatore e il re di Prussia non gli abbiano comunicato le loro mire nè i loro disegni. Avevano ambedue personalmente più che della alienazione per lui, e bramavano che non prendesse alcuna parte attiva negli affari di Francia.

(*Bouillé, pagina* 319.)

Madama Campan ci fa sapere, in un solo passo, la costruzione del-
l'armario di ferro, e l'esistenza d'una protesta segreta fatta dal re contro la dichiarazione di guerra. La apprensione del re per la guerra era
straordinaria, ed ei cercava in tutte le guise di rigettarla sulla parte
popolare.

Il re aveva una quantità prodigiosa di fogli, e aveva avuto disgraziatamente l'idea di far costruire segretissimamente, da un magnano che
lavorava presso di lui da più di dieci anni, un nascondiglio in un corri-
dojo interno del suo quartiere. Questo nascondiglio, senza la denunzia
di tal uomo, sarebbe stato lungamente ignorato. Il muro, nel posto
ov'era situato, era dipinto a pietre larghe, e l'apertura era perfettamente
occultata nelle scanalature oscure che formavano la parte ombrata di
queste pietre dipinte. Ma avanti che cotesto magnano avesse denunziato all'assemblea quello che poscia è stato chiamato *l'armario di ferro*, la
regina aveva saputo che n'aveva parlato ad alcuni suoi amici; e che cotesto uomo, al quale il re per costume concedeva grandissima confidenza,
era giacobino. Ella n'avvertì il re, e l'indusse a empiere un grandissimo
cartolare di tutti i fogli, che maggiormente interessavagli di conservare,
e ad affidarlo a me. Ella confortollo in mia presenza a non lasciar nulla
nell'armadio; e il re, per tranquillarla, rispose che non v'aveva lasciato

nulla. Io voleva prendere il cartolare, e portarlo nel mio quartiere; ma era troppo grave per poterlo levare. Il re mi dissi che l'avrebbe portato esso, io andai avanti per aprir gli usci. Dopo che ebbe posato il cartolare nel mio gabinetto interno, mi disse soltanto: «La regina vi dirà quello che contiene.» Tornata dalla regina, le ne dimandai, pensando dalle parole del re che fosse necessario che io lo sapessi. «Vi sono, la regina mi rispose, de' fogli che sarebbero fatalissimi al re, se si giungesse a fargli il processo. Ma quello che vuole certamente che io vi dica, è che nel cartolare v'è l'atto d'una adunanza d'un consiglio di stato nel quale il re ha dato il suo avviso contro la guerra. L'ha fatto firmare da tutti i ministri, e anche nel caso di processo egli spera che questo documento sarebbe utilissimo.» Io domandai a chi la regina pensava che dovessi consegnare il cartolare. «A chi crederete, mi rispose; voi ne siete *la sola responsabile*: non v'allontanate dal palazzo, nemmeno nei vostri mesi di riposo; vi sono de' casi in cui ci può essere utilissimo d'averlo nell'istante.»

(*Madama Campan, Tomo II, pagina* 222.)

NOTA 18, PAGINA 122

Spiegazione delle ragioni che hanno indotto l'assemblea nazionale a risolvere, sulla proposizione formale del re, che bisognava dichiarare la guerra al re di Boemia e di Ungheria: di Condorcet. (*Adunanza de' 20 aprile* 1792.)

Forzata d'acconsentire alla guerra dalla più imperiosa necessità, l'assemblea nazionale non ignora che sarà accusata d'averla volontariamente affrettata o provocata.

Ella sa che il procedere insidioso della corte di Vienna non ha avuto altro oggetto, che di dare un'ombra di verisimiglianza a quest'accusa, di cui le potenze straniere han bisogno per velare ai loro popoli le vere cagioni dell'ingiusta aggressione preparata contro la Francia; ella sa che questo rimprovero sarà ripetuto dagli interni nemici della nostra costituzione e delle nostre leggi, colla colpevole speranza di rapire la pubblica benevolenza ai rappresentanti della nazione.

La semplice spiegazione della loro condotta è la loro sola risposta, ed essi la dirigono con uguale fiducia agli stranieri ed ai Francesi, perchè la natura ha scolpito nel fondo del cuore di tutti gli uomini i sentimenti della stessa giustizia.

Ogni popolo ha il diritto di farsi delle leggi, e il diritto inalienabile di mutarle. Questo diritto o non appartiene ad alcuno, o appartiene a tutti con perfetta uguaglianza: assalirlo in uno, è dichiarare di non riconoscerlo in nissun altro; volerlo rapire per forza a una nazione straniera, è annunziare di non rispettarlo in quella di cui alcuno è il cittadino, o il capo; è tradire la sua patria; è proclamarsi il nemico del genere umano! Il popolo francese doveva credere che verità così semplici fossero sentite da tutti i principi, e che, nel diciottesimo secolo, niuno oserebbe loro opporre le vecchie massime della tirannia: la sua speranza è andata fallita; una lega si è formata contro la sua indipendenza, ed egli non ha avuto altra scelta che d'illuminare i suoi nemici sulla giustizia della sua causa, o d'oppor loro la forza dell'armi.

Informata di questa lega minacciosa, ma gelosa di conservare la pace, l'assemblea nazionale ha prima domandato qual fosse l'oggetto di quest'accordo tra potenze sì lungamente rivali, e le è stato risposto che avea per ragione la conservazione della tranquillità generale, la sicurezza e l'onore delle corone, il timore di vedere rinnovellare gli avvenimenti che hanno presentato alcune epoche della rivoluzione francese.

Ma come la Francia minaccerebbe la tranquillità generale, se ha preso la risoluzione solenne di non far nissuna conquista, di non assalire la libertà d'alcun popolo; se in mezzo a quel lungo e sanguinoso conflitto che s'è acceso nei Paesi Bassi e negli stati di Liegi, tra i governi e cittadini, ella ha serbato la più rigorosa neutralità?

Certamente la nazione francese ha dichiarato altamente che la sovranità non appartiene che al popolo, il quale, limitato nell'esercizio della sua suprema volontà dai diritti de' posteri, non può delegare poteri irrevocabili; certamente ella ha riconosciuto altamente, che nissun uso, nissuna legge espressa, nissun consenso, nissuna convenzione, non possono sottoporre una società d'uomini ad una autorità che non abbiano diritto di riprendere: ma qual'idea dunque i principi si faranno della legittimità del loro potere, o della giustizia colla quale l'esercitano, se riguardano la dichiarazione di queste massime come un'impresa contro la tranquillità de' loro stati?

Diranno, che questa tranquillità potrebbe esser turbata dalle opere, dai discorsi d'alcuni Francesi? sarebbe allora richiedere a mano armata una legge contro la libertà della stampa, sarebbe dichiarare la guerra ai progressi della ragione; e quando si sa, che la nazione francese è stata per tutto impunemente oltraggiata; che i torchj dei paesi vicini non hanno cessato d'inondare i nostri dipartimenti d'opere destinate ad eccitare il tradimento, a consigliare la ribellione; quando si rimembrano i segni di protezione o d'interesse offerti ai loro autori, crederassi che l'amore sincero della pace, e non l'odio della libertà, abbia dettato questi ipocriti rimproveri?

È stato parlato di tentativi fatti dai Francesi per eccitare i popoli vicini a infrangere i loro ferri, a rivendicare i loro diritti... Ma i ministri, che hanno ripetuto queste accuse, senza osare di citare un sol fatto che le provasse, sapevano bene quanto fosser chimeriche; e, se questi tentativi fossero stati veri, le potenze che hanno sofferto gli adunamenti de' nostri emigrati, che hanno dato loro dei soccorsi, che hanno ricevuto i loro ambasciatori, che gli hanno ammessi pubblicamente alle loro conferenze, che non arrossiscono d'instigare i francesi alla guerra civile, non avrebbero conservato il diritto di lamentarsi; oppure bisognerebbe dire che sia lecito di dilatare la servitù, e reo di propagare la libertà, che tutto sia legittimo contro dei popoli, che i soli re abbiano dei veri diritti. Giammai l'orgoglio del trono non avrebbe insultato con maggiore audacia alla maestà delle nazioni!

Il popolo francese, padrone di stabilire la forma della sua costituzione, non ha offeso, usando di questo diritto, nè la sicurezza nè l'onore delle straniere corone. I capi degli altri paesi metterebbero dunque nel numero delle loro prerogative il diritto di forzare il popolo francese a dare al capo del suo governo, un potere uguale a quello che essi esercitano ne' loro stati? Vorrebbero forse, perchè hanno dei sudditi, impedire che altrove siano uomini liberi? E come non s'accorgeranno, che permettendo tutto per quella che chiamano sicurezza delle corone, essi dichiaran legittimo tutto quello che un popolo potesse intraprendere a favore della libertà delle nazioni?

Se violenze, se misfatti hanno accompagnato qualche epoca della rivoluzione francese, appartiene ai soli depositarii della volontà nazionale l'autorità di punirli o di coprirli d'oblio: ogni cittadino, ogni magistrato, qualunque sia il suo titolo, non deve chieder giustizia che alle leggi del suo paese, non può sperarla che da esse. Le potenze straniere, se i loro sudditi non hanno sofferto da questi fatti, non possono avere giusta ragione nè di lagnarsene, nè di prendere risoluzioni ostili per impedirne il ritorno. La parentela, l'alleanza personale dei re, non è niente per i popoli; liberi o schiavi, comuni interessi gli uniscono: la natura ha posto la loro felicità nella pace, ne' soccorsi scambievoli d'una dolce fratellanza; ella si adonterebbe che si osasse di mettere sulle stesse bilance la sorte di venti milioni d'uomini, e le affezioni o l'orgoglio di poche persone. Siamo noi dunque ancor condannati a vedere il servaggio volontario dei popoli circondare di vittime umane gli altari de' falsi dei della terra?

Così tutte queste pretese cagioni d'una lega contro la Francia, non erano che un nuovo oltraggio alla sua indipendenza. Ella aveva diritto d'esigere la cessazione degli apparecchi offensivi, e di riguardarne il rifiuto come una ostilità; tali sono stati i principii che hanno guidato i passi dell'assemblea nazionale. Ella ha continuato a volere la pace, ma ha dovuto preferire la guerra ad una pazienza pericolosa alla libertà; non ha potuto nascondersi, che i nemici della Francia avevano per unica mira e cambiamenti alla costituzione, e violazioni dell'uguaglianza che n'è la base; che vorrebbero punirla d'avere riconosciuto in tutta la lor latitudine i diritti comuni a tutti gli uomini; ed allora ella ha fatto il giuramento ripetuto da tutti i Francesi, di perire piuttosto che soffrire la minima offesa nè alla libertà dei cittadini, nè alla sovranità del popolo, nè massimamente a quella uguaglianza senza la quale non v'è per le società nè giustizia nè felicità.

Si rimprovererà ai Francesi di non aver assai rispettato i diritti degli

altri popoli, non offrendo che compensi pecuniarii, e ai principi alemanni possidenti in Alsazia, e al papa?

I trattati riconobbero la sovranità della Francia sull'Alsazia, e ve l'ha
esercitata pacificamente da più d'un secolo. I diritti riservati da questi
trattati, non erano che privilegi; il senso di questo riservo era dunque
che i possessori de' feudi d'Alsazia li conservassero coll'antiche prerogative, finchè le leggi generali di Francia soffrissero le varie forme di feu-
dalità; questo riservo significava pure che se le prerogative feudali fossero involte in una comune ruina, la nazione dovesse un compenso ai
possessori per li vantaggi reali che ne derivavano; perchè questo è tutto
quanto può esigere il diritto di proprietà, quando è in opposizione colla
legge, in contrasto coll'interesse pubblico. I cittadini dell'Alsazia sono
Francesi, e la nazione non può senza vergogna e senza ingiustizia soffrire che siano privati della più piccola parte dei diritti comuni a tutti
coloro, che questo nome deve ugualmente proteggere. Dirassi, che per
compensare questi principi, si potrebbe abbandonar loro una porzione
di territorio? Nò; una nazione libera e generosa non vende uomini; non
condanna alla schiavitù, non consegna a dei padroni coloro che ha
ammesso una volta al godimento della sua libertà.

I cittadini della Contea Venesina erano padroni di farsi una costituzione; potevano dichiararsi indipendenti: hanno preferito di esser
Francesi, e la Francia non gli abbandonerà dopo averli adottati. Quando
avesse negato di consentire al loro desiderio, il loro paese è incastrato nel
suo territorio, ed ella non avrebbe potuto permettere ai loro oppressori
d'attraversare la terra della libertà per andare a punire uomini d'avere
ardito di rendersi indipendenti e di riprendere i loro diritti. Quello che
il papa possedeva in questo paese, era il salario delle funzioni del governo: il popolo, togliendogli le funzioni, ha usato un diritto che una lunga
servitù aveva sospeso, ma che non aveva potuto rapirgli; e il compenso
offerto dalla Francia, non era nemmeno per giustizia dovuto.

Così, si osa ancora di domandare, in nome del papa e dei possessori d'Alsazia, delle violazioni del diritto naturale! Vuolsi ancora, per le pretensioni di pochi uomini, versare il sangue delle nazioni! E se i ministri di casa d'Austria avesser voluto dichiarare la guerra alla ragione in nome dei pregiudizii, ai popoli in nome dei re, non avrebber potuto tenere un altro linguaggio!

Si è inteso dire, che il desiderio del popolo francese di conservare la sua uguaglianza e la sua indipendenza, era quello di una fazione... Ma la nazione francese ha una costituzione; questa costituzione è stata riconosciuta, abbracciata dall'universale de' cittadini; ella non può esser cangiata che pel voto del popolo, e secondo le forme da lei stessa prescritte: finchè sussiste, i soli poteri da lei stabiliti hanno il diritto di manifestare la volontà nazionale, e per essi questa volontà è stata dichiarata alle potenze straniere. Il re è quegli, che, sull'invito dell'assemblea nazionale, e in adempimento delle funzioni che la costituzione gli affida, s'è lamentato della protezione concessa agli emigrati, ha domandato inutilmente che fosse loro ritolta; egli ha sollecitato le spiegazioni sulla lega formata contro la Francia; egli ha richiesto che questa lega fosse disciolta; e deve certamente far meraviglia il sentire appellare come il grido d'alcuni faziosi, il desiderio solenne del popolo espresso pubblicamente da' suoi rappresentanti legittimi. Qual titolo al pari rispettabile potrebbero dunque invocare quei re, che forzano le nazioni ingannate a combattere contro l'interesse della loro propria libertà, e ad armarsi contro diritti che sono parimente i loro, a spegnere sotto la rovina della costituzione francese i germi della loro propia felicità, e le comuni speranze del genere umano!

E d'altronde che cosa è mai una fazione che è accusata d'aver cospirato alla libertà universale del genere umano? Osano dunque gli schiavi ministri di diffamare con questo odioso nome l'umanità tutta intiera.

Ma, dicon'essi, il re dei Francesi non è libero... Oh! non è dunque esser libero il dipendere dalle leggi del suo paese? La libertà di contrastarvi, di sottrarvisi, d'opporvi una forza straniera, non sarebbe un diritto, ma un misfatto!

Così, rigettando tutte queste proposizioni insidiose, disprezzando queste indegne declamazioni, l'assemblea nazionale s'era mostrata in tutte le relazioni straniere tanto amica della pace, quanto gelosa della libertà del popolo; così, la continuazione della tolleranza ostile degli emigrati, l'aperta violazione delle promesse di disperderne le riunioni, il rifiuto di rinunziare a una lega evidentemente offensiva, le ragioni ingiuriose di questi rifiuti che annunziavano il desiderio di distruggere la costituzione francese, bastavano ad autorizzare ostilità che non sarebbero state mai altro che atti di legittima difesa; perchè non è assalire il non lasciare il tempo al nemico d'esaurire i nostri sussidi in lunghi apparecchi, di tendere tutte le sue insidie, di raccogliere tutte le sue forze, di ristringere le primiere alleanze, crearne delle nuove, aprire fin pratiche in mezzo di noi, moltiplicare nelle nostre provincie le congiure e le trame. Merita egli il nome d'aggressore colui, che minacciato, provocato da perfido ed ingiusto nemico, gli toglie il vantaggio di stendere i primi colpi? – Così, lungi dal provocare la guerra, l'assemblea nazionale ha fatto di tutto per impedirla. Domandando nuove spiegazioni sopra intenzioni che non potevano esser dubbiose, essa ha mostrato che rinunziava con dolore alla speranza del ritorno alla giustizia, e che se l'orgoglio dei re è prodigo del sangue dei loro sudditi, l'umanità dei rappresentanti d'un popolo libero è avara anche del sangue de' suoi nemici. Insensibile a tutte le provocazioni, a tutte le ingiurie, al disprezzo degli obblighi antichi, alla violazione delle promesse novelle, alla dissimulazione vergognosa delle trame ordite contro la Francia, a quella perfida indulgenza colla quale si velavano i soccorsi, gl'incoraggiamenti offerti ai Francesi che hanno tradito la patria, ella avrebbe tuttavia accettato la pace, se quella che le era offerta fosse stata compatibile colla conservazione della costituzione, coll'indipendenza della sovranità nazionale, colla sicurezza dello stato.

Ma il velo, che copriva le intenzioni del nostro nemico, alfine è rotto!

Cittadini! chi di voi veramente vorrebbe soscrivere a queste vergognose proposizioni? La servitù feudale ed una umiliante disuguaglianza, il fallimento e imposizioni che paghereste voi soli, le decime e l'inquisizione, le vostre propietà comprate sulla fede pubblica rese ai loro antichi usurpatori, le bestie selvaggie tornate in diritto di depredare le vostre campagne, il vostro sangue versato pei progetti ambiziosi di una casa nemica, tali sono le condizioni del patto tra il re d'Ungheria, e perfidi Francesi!

Tale è la pace che v'è offerta! Nò, voi non l'accetterete giammai! I vili sono a Coblenza, e la Francia non racchiude più nel suo seno che uomini degni della libertà!

Costui annunzia in suo nome, in nome dei suoi alleati, il progetto d'esigere dalla nazione francese l'abbandono de' suoi diritti; fa intendere di volerle imporre dei sacrifizi che il solo timore della sua distruzione potrebbe carpirle... E bene! ella non vi si sottoporrà giammai! Questo orgoglio oltraggioso, lungi da intimorirla, non può che eccitare il suo coraggio. Ci vuole del tempo per esercitare gli schiavi del dispotismo; ma ogni uomo è soldato quando combatte la tirannia; l'oro uscirà da suoi oscuri ricoveri in nome della patria in pericolo; quegli uomini vili e ambiziosi, quegli schiavi della corruzione e dell'intrigo, quei vili calunniatori del popolo, di cui i nostri nemici osavano sperare il turpe soccorso, perderanno la fiducia dei cittadini o ciechi o pusillanimi che avevano ingannato colle loro ipocrite declamazioni; e lo stato Francese, nella sua vasta estensione, non offrirà più ai nostri gemici che una sola volontà, quella di vincere o di perire tutto insieme colla costituzione e le leggi!

SCARICA GRATIS L'EBOOK
DI QUESTA OPERA
IN FORMATO EPUB

www.edizionitrabant.it/gca178rp
PASSWORD: qay942k8

www.ingramcontent.com/pod-product-compliance
Lightning Source LLC
LaVergne TN
LVHW011227080426
835509LV00005B/357

9788896576922